Lubov Babushkina

Das Erste Russische Lesebuch für Familien

(farbig illustrierte Ausgabe, Band 1)

Stufe A1

Zweisprachig mit Russisch-deutscher Übersetzung

LANGUAGE
PRACTICE
PUBLISHING

1

Das Erste Russische Lesebuch für Familien (farbig illustrierte Ausgabe, Band 1)
von Lubov Babushkina

Audiodateien www.lppbooks.com/Russian/FRRF

Homepage www.audiolego.com

1. Ausgabe

Umschlaggestaltung: Audiolego Design

Das Erste Russische Lesebuch für Familien (farbig illustrierte Ausgabe, Band 1)

Оглавле́ние
Inhaltsverzeichnis

Ру́сский алфави́т
Das russische Alphabet

Buchstabe	Handschrift	Name	IPA	Beispiel in Deutsch
Аа	*Аа*	а [a]	/a/	a in Mann
Бб	*Бб*	бэ [bɛ]	/b/ oder /bʲ/	b in Bett
Вв	*Вв*	вэ [vɛ]	/v/ oder /vʲ/	w in wer
Гг	*Гг*	гэ [gɛ]	/g/	g in gut , oder h in habe
Дд	*Дд*	дэ [dɛ]	/d/ oder /dʲ/	d in das
Ее	*Ее*	е [je]	/je/ oder /ʲe/	je in jetzt
Ёё	*Ёё*	ё [jo]	/jo/ oder /ʲo/	jo in Johannes
Жж	*Жж*	жэ [ʐɛ]	/ʐ/	g in Giro, Genre
Зз	*Зз*	зэ [zɛ]	/z/ oder /zʲ/	S in sagen
Ии	*Ии*	и [i]	/i/ oder /ʲi/	i in Tisch
Йй	*Йй*	и кра́ткое	/j/	j in jetzt
Кк	*Кк*	ка [ka]	/k/ oder /kʲ/	k in Katze
Лл	*Лл*	эл [el]	/l/ oder /lʲ/	l in lesen
Мм	*Мм*	эм [ɛm]	/m/ oder /mʲ/	m in Mantel
Нн	*Нн*	эн [ɛn]	/n/ oder /nʲ/	n in nicht
Оо	*Оо*	о [o]	/o/	o in rot
Пп	*Пп*	пэ [pɛ]	/p/ oder /pʲ/	p in putzen

Рр	*Рр*	эр [ɛr]	/r/ oder /rʲ/	knurrende r
Сс	*Сс*	эс [ɛs]	/s/ oder /sʲ/	s in was
Тт	*Тт*	тэ [tɛ]	/t/ oder /tʲ/	t in Tisch
Уу	*Уу*	у [u]	/u/	u in Schuh
Фф	*Фф*	эф [ɛf]	/f/ oder /fʲ/	f in fallen
Хх	*Хх*	ха [xa]	/x/	ch in hoch, soft ausatmen
Цц	*Цц*	це [t͡sɛ]	/t͡s/	z in Zoo
Чч	*Чч*	че [t͡ɕe]	/t͡ɕ/	tsch in Deutsch
Шш	*Шш*	ша [ʃa]	/ʃ/	sch in Tisch
Щщ	*Щщ*	ща [ɕɕa]	/ɕ/	sch long und hart
Ъъ	*Ъъ*	твёрдый знак	/j/	
Ыы	*Ыы*	ы [ɨ]	[ɨ]	i in Willy
Ьь	*Ьь*	мя́гкий знак	/ʲ/	
Ээ	*Ээ*	э [ɛ]	/e/	e in Bett
Юю	*Юю*	ю [ju]	/ju/ oder /ʲu/	ju in jung
Яя	*Яя*	я [ja]	/ja/ oder /ʲa/	ja in jammern

Ру́сское произноше́ние
Russische Aussprache

Betonung

Feste Betonungsregeln gibt es im Russischen nicht. Nur ë ist immer betont. Deswegen ist es wichtig, die Betonung gleich beim Lernen der russischen Vokabeln zu merken. Betonte Vokale werden auf Russisch lang ausgesprochen. Unbetonte Vokale werden kurz ausgesprochen.

Vokale

Hart: а, о, у, ы, э
Weich: я, ё, ю, и, е
In folgenden Fällen werden weiche Vokale (außer 'и') auf Russisch mit einem j-Vorsatz ausgesprochen:
am Wortanfang wie in я́года - jagada - Beere
nach einem Vokal wie in но́вая - nowaja - neue (weiblich)
nach einem Weichzeichen (ь) семья́ - ßimja - Familie
nach einem Härtezeichen (ъ) отъе́зд - otjezd - Abfahrt

Aussprache von -o- im Russischen

Im Russischen wird der Buchstabe O deutlich als O ausgesprochen, wenn er betont wird. Die restlichen Os werden als reduzierte As ausgesprochen (d.h. kürzer und undeutlicher als ein betontes A). Im Wort "молоко́" (Milch) wird nur das letzte O deutlich als O ausgesprochen, weil es betont ist. Die unbetonten Os werden hier als reduzierte As ausgesprochen. Das Wort "пло́хо" (schlecht) dagegen wird auf der ersten Silbe betont. Das unbetonte O am Ende wird als ein reduziertes A ausgesprochen.

Russische Konsonanten

Die meisten Konsonanten können im Russischen hart oder weich sein. Ob ein Konsonant hart oder weich ausgesprochen wird, erkennt man am darauf folgenden Buchstaben. Weich wird ein Konsonant, wenn ihm ein weicher Vokal (я, ё, ю, и, е) oder ein Weichzeichen (ь) folgt.

Harte Konsonanten:
борода́ - barada - Bart
рост - rost - Höhe
Weiche Konsonanten:
Ва́ля - walia - Walia (Name)
любо́вь - lubov - Liebe
пить - pit - trinken
Immer hart sind die Konsonanten: ж, ш, ц
Immer weich sind die Konsonanten: ч, щ

Stimmhaft oder stimmlos

Im Russischen unterscheidet man zwischen stimmhaften und
stimmlosen Konsonanten. Es gibt folgende Paare:
Stimmhaft: б, в, г, д, ж, з
Stimmlos: п, ф, к, т, ш, с
Stimmhafte russische Konsonanten werden stimmlos am
Wortende und vor einem stimmlosen Konsonanten.
Beispiel stimmhaft:
дру́жба - druschba - Freundschaft
Beispiel stimmlos:
хлеб - chljep - Brot
идти́ - ittí - gehen
Immer stimmhaft sind: л, м, н, р, й
Immer stimmlos sind: х, ч, ц, щ.

Wiedergabegeschwindigkeit der Audiodateien

Das Buch ist mit den Audiodateien ausgestattet. Die Adresse der Homepage des Buches, wo Audiodateien zum Anhören und Herunterladen verfügbar sind, ist am Anfang des Buches auf der bibliographischen Beschreibung vor dem Copyright-Hinweis aufgeführt. Mithilfe von QR-Codes kann man im Handumdrehen eine Audiodatei aufrufen, ohne Webadressen manuell eingeben. Öffnen Sie einfach ihre Kamera-App und halten ihr Smartphone über den gedruckten QR-Code. Ihr Smartphone erkennt was sich hinter dem Code verbirgt und bittet Sie dem eingescannten Audiodateilink zu folgen. Es empfiehlt sich den kostenlosen VLC-Mediaplayer zu verwenden, die Software, die zur Steuerung der Wiedergabegeschwindigkeit Audiodateien verwendet werden kann.

Живо́тные

Tiere

Слова́

Vokabeln

1. бассе́йн - das Becken
2. бе́лый - weiß
3. большо́й - groß
4. в - in
5. во́зле - neben, in der Nähe von, nahe
6. вольёр - das Gehege
7. вход - der Eingang
8. высо́кий - groß, hoch
9. где - wo
10. гиппопота́м - das Nilpferd
11. голова́ - der Kopf
12. дли́нный - lang
13. жёлтый - gelb
14. живо́т - der Bauch
15. жира́ф - die Giraffe
16. зе́бра - das Zebra
17. зелёный - grün
18. зоопа́рк - der Zoo
19. и - und
20. како́й - welches
21. кенгуру́ - das Känguru
22. кле́тка - der Käfig
23. кори́чневый - braun
24. крокоди́л - das Krokodil
25. кру́пный - groß
26. кто - wer
27. лету́чий - fliegen
28. лужа́йка - der Rasen, die Liegewiese
29. ма́ленький - klein
30. медве́дь - der Bär

31. мо́рда - die Schnauze

32. мышь - die Maus

33. находи́ться - sich befinden, (an einem Ort) sein

34. не - nicht

35. нет - nein

36. неуклю́жий - schwerfällig

37. обезья́на - der Affe

38. огражд́ение - der Zaun, die Einzäunung

39. огро́мный - riesig

40. оле́нь - der Hirsch

41. он - er

42. она́ - sie

43. орёл - der Adler

44. о́чень - sehr

45. павильо́н - der Pavillon

46. пито́н - der, die Python

47. площа́дка - das Gelände (in diesem Zusammenhang)

48. полоса́ - der Streifen

49. поля́на - die Wiese

50. пятно́ - der Punkt

51. ры́жий - rötlich

52. с, со - mit

53. се́рый - grau

54. слон - der Elefant

55. стра́ус - der Strauß

56. терра́риум - das Terrarium

57. тигр - der Tiger

58. то́лстый - fett

59. уча́сток - das Gebiet, das Territorium

60. хвост - der Schwanz

61. цвет - die Farbe

62. чёрный - schwarz

1

Во́зле вхо́да в зоопа́рк нахо́дится жира́ф. Жира́ф высо́кий. Он кори́чневый с жёлтыми пя́тнами.

Die Giraffe befindet sich neben dem Eingang des Zoos. Die Giraffe ist groß. Sie ist braun mit gelben Flecken.

Возле жира́фа нахо́дится бассе́йн гиппопота́ма. Гиппопота́м то́лстый. Он чёрный.

Das Nilpferd-Becken befindet sich neben der Giraffe. Das Nilpferd ist fett. Es ist schwarz.

Во́зле гиппопота́ма нахо́дится лужа́йка ти́гра. Тигр большо́й. Он жёлтый с чёрными полоса́ми.

Die Liegewiese des Tigers ist neben dem Nilpferd. Der Tiger ist groß. Er ist gelb mit schwarzen Streifen.

Во́зле ти́гра нахо́дится кле́тка с обезья́ной. Обезья́на ма́ленькая. Она́ кори́чневая.

Der Affenkäfig befindet sich neben dem Tiger. Der Affe ist klein. Er ist braun.

Во́зле обезья́ны нахо́дится площа́дка слона́. Слон огро́мный. Он се́рый

Das Elefanten-Gelände befindet sich neben dem Affen. Der Elefant ist riesig. Er ist grau.

Во́зле слона́ нахо́дится павильо́н с крокоди́лом. Крокоди́л дли́нный. Он зелёный.

Der Krokodil-Pavillon befindet sich neben dem Elefanten. Das Krokodil ist lang. Es ist grün.

Во́зле крокоди́ла нахо́дится терра́риум пито́на. Пито́н о́чень дли́нный. Он се́рый с кори́чневыми полоса́ми и чёрными пя́тнами.

Das Python-Terrarium befindet sich neben dem Krokodil. Die Python ist sehr lang. Sie ist grau mit braunen Streifen und schwarzen Punkten.

Во́зле пито́на нахо́дится лету́чая мышь. Лету́чая мышь о́чень ма́ленькая. Она́ чёрная с кори́чневой мо́рдой и се́рым живото́м.

Der Fledermauskäfig befindet sich neben der Python. Die Fledermaus ist sehr klein. Sie ist schwarz mit einer braunen Schnauze und einem grauen Bauch.

Во́зле лету́чей мы́ши нахо́дится кле́тка орла́. Орёл большо́й. Он чёрный с бе́лой голово́й и хвосто́м.

Der Adlerkäfig ist neben der Fledermaus. Der Adler ist groß. Er ist schwarz mit einem weißen Kopf und Schwanz.

Во́зле орла́ нахо́дится уча́сток зе́бры. Зе́бра не о́чень больша́я. Она́ бе́лая с чёрными полоса́ми.

Das Gebiet der Zebras befindet sich neben dem Adler. Das Zebra ist nicht sehr groß. Es ist weiß mit schwarzen Streifen.

Во́зле зе́бры нахо́дится огражде́ние со стра́усом. Стра́ус высо́кий. Он се́рого цве́та.

Das Gebiet des Straußes befindet sich neben dem Zebra. Der Strauß ist groß. Er ist grau.

Во́зле стра́уса нахо́дится кенгуру́. Кенгуру́ не большо́й. Он ры́жий.

Das Känguru befindet sich neben dem Strauß. Das Känguru ist nicht groß. Es ist rötlich.

Во́зле кенгуру́ нахо́дится поля́на с оле́нем. Оле́нь кру́пный. Он кори́чневый.

Die Hirschwiese befindet sich neben dem Känguru. Der Hirsch ist groß. Er ist braun.

Во́зле оле́ня нахо́дится вольёр медве́дя. Медве́дь большо́й и неуклю́жий. Он кори́чневый.

Das Bärengehege befindet sich neben dem Hirsch. Der Bär ist groß und schwerfällig. Er ist braun.

Вопро́сы и отве́ты	**Fragen und Antworten**
- Где нахо́дится жира́ф?	- Wo ist die Giraffe?
- Он во́зле вхо́да в зоопа́рк.	- Sie ist neben dem Eingang des Zoos.
- Како́го цве́та гиппопота́м?	- Welche Farbe hat das Nilpferd?
- Он чёрный.	- Es ist schwarz.
- Где нахо́дится кле́тка с обезья́ной?	- Wo befindet sich der Affenkäfig?
- Она́ нахо́дится во́зле ти́гра.	- Er ist neben dem Tiger.
- Обезья́на больша́я?	- Ist der Affe groß?
- Нет, она́ ма́ленькая.	- Nein, er ist klein.
- Кто нахо́дится во́зле крокоди́ла?	- Wer befindet sich neben dem Krokodil?
- Во́зле крокоди́ла нахо́дится пито́н.	- Die Python befindet sich neben dem Krokodil.
- Пито́н большо́й?	- Ist die Python groß?
- Он о́чень дли́нный.	- Sie ist sehr lang.
- Како́го цве́та зе́бра?	- Welche Farbe hat das Zebra?
- Она́ бе́лая с чёрными полоса́ми.	- Es ist weiß mit schwarzen Streifen.
- Где нахо́дится кенгуру́?	- Wo befindet sich das Känguru?
- Он во́зле стра́уса.	- Es ist neben dem Strauß.
- Кто нахо́дится во́зле оле́ня?	- Wer befindet sich neben dem Hirsch?
- Во́зле оле́ня нахо́дится медве́дь.	- Der Bär befindet sich neben dem Hirsch.
- Он бе́лый?	- Ist er weiß?
- Нет, он кори́чневый.	- Nein, er ist braun.

У орла́ больши́е глаза́

Der Adler hat große Augen

Слова́

Vokabeln

1. ветви́стый - sich gabelnd
2. глаз - das Auge
3. гри́ва - die Mähne
4. да - ja
5. есть - essen
6. за́дний - hintere
7. зуб - der Zahn
8. клюв - der Schnabel
9. ко́готь - die Klaue
10. коне́чность - das Bein, der Arm
11. копы́то - der Huf
12. коро́ткий - kurz
13. кото́рый - welche
14. кре́пкий - robust
15. крыло́ - der Flügel
16. ла́па - die Pfote
17. мо́щный - kräftig
18. на - an, auf
19. начина́ться - anfangen
20. небольшо́й - klein
21. нет - nein, kein
22. нога́ - der Fuß
23. о́стрый - scharf
24. па́лец - der Finger
25. пасть - der Mund
26. пере́дний - die Vorderseite, vorne
27. переходи́ть - sich verlängern
28. по / возле / через - an / bei / über
29. пять - fünf
30. рог - das Horn, das Geweih
31. рука́ - die Hand
32. сза́ди - am Rücken, im Rücken
33. си́льный - stark
34. стро́йный - schlank
35. су́мка - der Beutel
36. та́кже - auch
37. те́ло - der Körper
38. то́нкий - dünn
39. ту́ловище - der Körper
40. у́хо - das Ohr
41. хо́бот - der Rüssel
42. четы́ре - vier
43. что - was
44. шерсть - das Fell
45. ше́я - der Hals
46. широ́кий - breit

У жира́фа дли́нная ше́я и дли́нные но́ги. У него́ та́кже есть ма́ленькие рога́.

Die Giraffe hat einen langen Hals und lange Beine. Sie hat auch kleine Hörner.

У гиппопота́ма большо́й живо́т и коро́ткий хвост. У него́ дли́нные зу́бы.

Das Nilpferd hat einen großen Bauch und einen kurzen Schwanz. Es hat lange Zähne.

У ти́гра дли́нный хвост и больши́е глаза́. У него́ дли́нные
ко́гти.

Der Tiger hat einen langen Schwanz und große Augen. Er hat
lange Klauen.

У обезья́ны дли́нные ру́ки и коро́ткие но́ги. У неё та́кже есть по пять па́льцев на рука́х и нога́х.

Der Affe hat lange Arme und kurze Beine. Er hat auch fünf Finger an jeder Hand und jedem Fuß.

У слона́ дли́нный хо́бот и о́чень больши́е у́ши. У него́ та́кже есть то́нкий хвост.

Der Elefant hat einen langen Rüssel und sehr große Ohren. Er hat auch einen dünnen Schwanz.

У крокоди́ла больша́я пасть и о́стрые зу́бы. У него́ та́кже дли́нный и мо́щный хвост.

Das Krokodil hat einen großen Mund und scharfe Zähne. Es hat auch einen langen und kräftigen Schwanz.

У питóна óчень длúнное тéло, котóрое начинáется с головы́
и перехóдит в хвост. У негó нет лап.

Die Python hat einen sehr langen Körper, der mit dem Kopf
anfängt und sich bis in seinen Schwanz verlängert. Sie hat keine
Beine.

У лету́чей мы́ши чёрные кры́лья и больши́е у́ши. У неё о́чень коро́ткая шерсть.

Die Fledermaus hat schwarze Flügel und große Ohren. Sie hat sehr kurzes Fell.

У орла́ кре́пкий клюв и больши́е кры́лья. У него́ больши́е глаза́.

Der Adler hat einen starken Schnabel und große Flügel. Er hat große Augen.

У зе́бры чёрная гри́ва и краси́вые по́лосы на спине́. У неё та́кже есть небольшо́й хвост и четы́ре копы́та.

Das Zebra hat eine schwarze Mähne und hübsche Streifen seinen Rücken hinunter. Es hat auch einen kleinen Schweif und vier Hufe..

У стра́уса дли́нная ше́я, ма́ленькая голова́ и коро́ткий клюв. У него́ та́кже дли́нные и си́льные но́ги.

Der Strauß hat einen langen Hals, einen kleinen Kopf und einen kurzen Schnabel. Er hat auch lange und starke Beine.

У кенгуру́ дли́нные за́дние коне́чности, и коро́ткие
пере́дние. У него́ та́кже есть су́мка на животе́ и кре́пкий
хвост сза́ди.

Das Känguru hat lange Hinterbeine und kurze Arme. Es hat auch
einen Beutel an seinem Bauch und einen starken Schwanz am
Rücken.

У оле́ня ветви́стые рога́, дли́нные у́ши и стро́йные но́ги. У него́ та́кже есть четы́ре копы́та и коро́ткий хвост.

Der Hirsch hat ein sich gabelndes Geweih, lange Ohren und schlanke Beine. Er hat auch vier Hufe und einen kurzen Schwanz.

У медве́дя большо́е ту́ловище и широ́кие ла́пы. У него́ та́кже есть небольши́е у́ши и о́стрые ко́гти.

Der Bär hat einen großen Körper und breite Pfoten. Er hat auch kleine Ohren und scharfe Klauen.

Вопро́сы и отве́ты

- Кака́я у жира́фа ше́я?
- У него́ дли́нная ше́я.
- Что есть у обезья́ны на рука́х и нога́х?
- У обезья́ны есть по пять па́льцев.
- У кого́ дли́нный хо́бот и больши́е у́ши?
- У слона́ дли́нный хо́бот и о́чень больши́е у́ши.
- У крокоди́ла больша́я пасть?
- Да, у него́ больша́я пасть и о́стрые зу́бы.
- Каки́е кры́лья у лету́чей мы́ши?
- У неё чёрные кры́лья.
- У стра́уса дли́нные но́ги?
- Да, у него́ дли́нные и кре́пкие си́льные но́ги.
- У кого́ есть су́мка на животе́?
- Су́мка на животе́ есть у кенгуру́
- Каки́е у оле́ня рога́?
- Они́ ветви́стые.

Fragen und Antworten

- Was für einen Hals hat die Giraffe?
- Sie hat einen langen Hals.
- Was hat der Affe an seinen Händen und Füßen?
- Er hat fünf Finger an jeder Hand und an jedem Fuß.
- Wer hat einen langen Rüssel und große Ohren?
- Der Elefant hat einen langen Rüssel und sehr große Ohren.
- Hat das Krokodil einen großen Mund?
- Ja, es hat einen großen Mund und scharfe Zähne.
- Was für Flügel hat die Fledermaus?
- Sie hat schwarze Flügel.
- Hat der Strauß lange Beine?
- Ja, er hat lange und robuste, kräftige Beine.
- Wer hat einen Beutel am Bauch?
- Das Känguru hat einen Beutel am Bauch.
- Was für ein Geweih hat der Hirsch?
- Es gabelt sich.

Что мо́гут де́лать живо́тные?

Was können Tiere machen?

Слова́

Vokabeln

1. бе́гать - laufen, rennen
2. боле́ть - krank sein
3. ви́деть - sehen
4. висе́ть - hängen
5. вить - flechten
6. вниз - runter, hinunter, nach unten
7. вода́ - das Wasser
8. водопо́й - die Wasserstelle
9. всегда́ - immer
10. глота́ть - schlucken, verschlucken
11. гнездо́ - das Nest
12. день - der Tag
13. де́рево - der Baum
14. детёныш - das (Tier)Baby
15. дра́ться - kämpfen
16. еда́ - das Essen
17. зарыва́ть - graben, vergraben
18. зима́ - der Winter
19. и́ли - oder
20. иногда́ - manchmal
21. иска́ть - nach etwas suchen, Ausschau halten
22. когда́ - wenn
23. крича́ть - schreien
24. ла́зить - klettern
25. лежа́ть - liegen
26. лета́ть - fliegen

27. лю́ди - die Leute, die Menschen

28. мигри́ровать - migrieren

29. напада́ть - angreifen

30. никогда́ - nie

31. но - aber

32. носи́ть - tragen

33. они́ - sie

34. опира́ться - sich auf/an etwas lehnen

35. от - von, aus

36. отделя́ться - trennen

37. охо́та - die Jagd

38. охо́титься - jagen

39. пасти́сь - grasen

40. перепры́гивать - über etwas springen

41. песо́к - der Sand

42. пита́ться - füttern, sich ernähren

43. пи́ща - das Essen

44. пища́ть - piepsen/spähen

45. пла́вать - schwimmen

46. по́лзать - kriechen

47. полива́ться - sich mit Wasser übergießen

48. по́мощь - die Hilfe

49. пры́гать - springen

50. разгова́ривать - reden, sprechen

51. расте́ние - die Pflanze

52. ре́дко - selten

53. сбра́сывать - abwerfen

54. сиде́ть - sitzen

55. соль - das Salz

56. спать - schlafen

57. ста́до - die Herde

58. ста́я - der Schwarm (Vögel), das Rudel (Wölfe)

59. стоя́ть - stehen

60. танцева́ть - tanzen

61. тону́ть - ertrinken

62. трава́ - das Gras

63. ходи́ть - gehen

64. хорошо́ - gut

65. целико́м - ganz, im Ganzen

66. ча́сто - oft

67. челове́к - der Mann, der Mensch

Жира́фы ча́сто хо́дят и́ли бе́гают. Они́ ре́дко лежа́т. Жира́фы никогда́ не пла́вают.

Giraffen gehen oder laufen oft. Sie legen sich nur selten hin. Giraffen schwimmen nie.

Гиппопота́мы ча́сто пла́вают. Они́ иногда́ хо́дят, но ре́дко бе́гают. Гиппопота́мы никогда́ не ла́зят по дере́вьям.

Nilpferde schwimmen oft. Manchmal gehen sie, aber sie laufen selten. Nilpferde klettern nie auf Bäume.

Ти́гры ча́сто бе́гают и́ли пры́гают. Они́ иногда́ ла́зят по дере́вьям и́ли лежа́т. Ти́гры ре́дко пла́вают.

Tiger rennen oder springen oft. Manchmal klettern sie auf Bäume oder legen sich hin. Tiger schwimmen selten.

Обезья́ны всегда́ ла́зят по дере́вьям. Они́ ча́сто хо́дят и́ли сидя́т. Они́ иногда́ перепры́гивают с де́рева на де́рево. Обезья́ны никогда́ не разгова́ривают. Они́ крича́т.

Affen klettern immer auf Bäume. Sie gehen oder sitzen oft. Manchmal springen sie von einem Baum zum anderen. Affen reden nie. Sie schreien.

Слоны́ ча́сто хо́дят, ре́дко бе́гают. Они́ иногда́ облива́ются водо́й с по́мощью хо́бота. Слоны́ никогда́ не лета́ют.

Elefanten gehen oft und rennen selten. Manchmal übergießen sie sich mit Wasser, indem sie ihre Rüssel benutzen. Elefanten fliegen nie.

Крокоди́лы всегда́ лежа́т. Они́ ча́сто пла́вают, иногда́ хо́дят. Крокоди́лы ре́дко бе́гают. Они́ никогда́ не боле́ют.

Krokodile liegen immer. Sie schwimmen oft und gehen manchmal. Krokodile laufen selten. Sie sind nie krank.

Питóны всегдá глотáют пи́щу целикóм. Они́ чáсто пóлзают, иногдá плáвают. Питóны рéдко напáдают на человéка. Они́ никогдá не пóлзают стáями.

Pythons schlucken ihr Essen immer im Ganzen herunter. Sie kriechen oft und manchmal schwimmen sie. Pythons greifen selten Menschen an. Sie kriechen nie in Rudeln.

Лету́чие мы́ши всегда́ днём спят. Они́ ча́сто вися́т вниз голово́й и́ли лета́ют. Лету́чие мы́ши иногда́ крича́т. Они́ никогда́ не вьют гнёзда.

Fledermäuse schlafen immer tagsüber. Sie hängen oft mit ihrem Kopf nach unten oder fliegen. Manchmal schreien Fledermäuse. Sie bauen nie Nester.

Орлы́ всегда́ хорошо́ ви́дят и ча́сто лета́ют на охо́ту. Они́ иногда́ вьют гнёзда. Орлы́ ре́дко мигри́руют и никогда́ не лета́ют ста́ями.

Adler sehen immer sehr gut und fliegen oft um zu jagen. Manchmal bauen sie Nester. Adler migrieren selten und fliegen nie in Schwärmen.

Зе́бры всегда́ пасу́тся и едя́т траву́. Они́ ча́сто хо́дят на водопо́й. Зе́бры иногда́ бе́гают, ре́дко отделя́ются от ста́да и никогда́ не напада́ют на други́х живо́тных.

Zebras grasen immer und essen Gras. Sie gehen oft zu einer Wasserstelle. Manchmal laufen Zebras. Sie trennen sich selten von der Herde und greifen nie andere Tiere an.

Стра́усы всегда́ хо́дят и́ли бе́гают и ча́сто деру́тся нога́ми. Они́ иногда́ танцу́ют. Стра́усы ре́дко боле́ют. Они́ никогда́ не лета́ют и не зарыва́ют го́лову в песо́к.

Strauße gehen oder laufen immer und kämpfen oft mit ihren Füßen. Manchmal tanzen sie. Strauße werden selten krank. Sie fliegen nie und vergraben nicht ihren Kopf im Sand.

Кенгуру́ всегда́ но́сят детёнышей в су́мке на животе́. Они́ ча́сто пры́гают и́ли стоя́т на за́дних ла́пах, опира́ясь на хвост. Кенгуру́ иногда́ хо́дят на четырёх ла́пах и никогда́ не танцу́ют.

Kängurus tragen ihre Babys immer in ihren Bauchbeuteln. Sie springen oft oder stehen auf ihren Hinterbeinen und stützen sich auf ihren Schwanz. Manchmal gehen Kängurus auf vier Beinen und sie tanzen nie.

Оле́ни ча́сто пасу́тся и пита́ются расте́ниями. Они́ всегда́ и́щут соль. Оле́ни иногда́ сбра́сывают рога́. Они́ ре́дко пла́вают и никогда́ не ла́зят по дере́вьям.

Hirsche grasen oft und ernähren sich von Pflanzen. Sie suchen immer nach Salz. Manchmal werfen Hirsche ihre Geweihe ab. Sie schwimmen selten und klettern nie auf Bäume.

Медве́ди всегда́ зимо́й спят. Они́ ча́сто и́щут еду́ и охо́тятся. Они́ иногда́ напада́ют на други́х живо́тных. Медве́ди ре́дко напада́ют на люде́й. Они́ никогда́ не хо́дят ста́ями.

Bären schlafen während des Winters. Sie suchen oft nach Essen oder jagen. Manchmal greifen sie andere Tiere an. Bären greifen selten Menschen an. Sie sind nie in Rudeln unterwegs.

Вопро́сы и отве́ты

- Жира́фы ча́сто пла́вают?
- Нет, жира́фы никогда́ не пла́вают.
- Кто пла́вает ча́сто?
- Ча́сто пла́вают гиппопота́мы.
- Что де́лают ти́гры ча́сто?
- Ти́гры ча́сто бе́гают и́ли пры́гают.
- Обезья́ны разгова́ривают?
- Нет, обезья́ны никогда́ не разгова́ривают.
- Что де́лают слоны́ иногда́?
- Иногда́ слоны́ облива́ются водо́й.
- Крокоди́лы ча́сто боле́ют?
- Нет, они́ никогда́ не боле́ют.
- Как пито́ны глота́ют пи́щу?
- Пито́ны всегда́ глота́ют пи́щу целико́м.
- Что де́лают орлы́ ча́сто?
- Орлы́ ча́сто лета́ют на охо́ту.
- Зе́бры ча́сто напада́ют?
- Нет, они́ никогда́ не напада́ют.
- Что де́лают летучие мы́ши всегда́?
- Они́ всегда́ днём спят.
- Чего́ никогда́ не де́лают стра́усы?

Fragen und Antworten

- Schwimmen Giraffen oft?
- Nein, Giraffen schwimmen nie.
- Wer schwimmt oft?
- Nilpferde schwimmen oft.
- Was machen Tiger oft?
- Tiger laufen oder springen oft.
- Sprechen Affen?
- Nein, Affen sprechen nie.
- Was machen Elefanten manchmal?
- Manchmal übergießen Elefanten sich mit Wasser.
- Werden Krokodile oft krank?
- Nein, sie werden nie krank.
- Wie schluckt eine Python ihr Essen hinunter?
- Pythons schlucken ihr Essen immer im Ganzen hinunter.
- Was machen Adler oft?
- Adler fliegen oft, um zu jagen.
- Greifen Zebras oft an?
- Nein, sie greifen nie an.
- Was machen Fledermäuse immer?
- Sie schlafen immer tagsüber.
- Was machen Strauße nie?
- Sie fliegen nie und

- Они́ никогда́ не лета́ют и не зарыва́ют го́лову в песо́к.
- В чём всегда́ но́сят детёнышей кенгуру́?
- Кенгуру́ всегда́ но́сят детёнышей в су́мке на животе́.
- Чего́ никогда́ не де́лают кенгуру́?
- Они́ никогда́ не танцу́ют.
- Что всегда́ и́щут оле́ни?
- Они́ всегда́ и́щут соль.
- Оле́ни ча́сто сбра́сывают рога́?
- Нет, они́ сбра́сывают рога́ иногда́.
- Когда́ спят медве́ди?
- Они́ спят всегда́ зимо́й.

vergraben nie ihren Kopf im Sand.
- Wo tragen Kängurus immer ihre Babys?
- Kängurus tragen ihre Babys immer in dem Beutel an ihrem Bauch.
- Was machen Kängurus nie?
- Sie tanzen nie.
- Wonach suchen Hirsche immer?
- Sie suchen immer nach Salz.
- Werfen Hirsche oft ihr Geweih ab?
- Nein, sie werfen ihr Geweih manchmal ab.
- Wann schlafen Bären?
- Sie schlafen immer im Winter.

Что есть в го́роде?

Was gibt es in der Stadt?

Слова́

Vokabeln

1. авто́бус - der Bus
2. авто́бусный - Bus-
3. автовокза́л - der Busbahnhof
4. автозапра́вка - die Tankstelle
5. автозапра́вочный - Tankstellen-
6. а́ктовый (зал) - das Auditorium
7. алле́я - der Weg, die Gasse
8. арти́ст - der Künstler
9. аттракцио́н - die Attraktion
10. бензи́н - das Benzin
11. бе́рег - das Ufer
12. биле́т - das Ticket
13. больни́ца - das Krankenhaus
14. больно́й - die kranke Person, der Patient
15. бутербро́д - das Sandwich
16. вдоль - entlang
17. во - in
18. возду́шный - Lüft-
19. вокру́г - um, herum
20. воскресе́нье - der Sonntag
21. врач - der Arzt
22. вре́мя - die Zeit
23. все - alle, jeder
24. всё - alles
25. второ́й - zweiter
26. выходи́ть - rausgehen, verlassen
27. го́рка - die Rutsche
28. го́род - die Stadt
29. городско́й - städtisch
30. горя́чий - heiß
31. гости́ница - das Hotel

32. два - zwei

33. дверь - das Tor

34. двор - der Hof

35. дéти - die Kinder

36. дéтский - Kinder-

37. для - für

38. дорóга - die Straße

39. дорóжка - der Pfad

40. душ - die Dusche

41. éздить - fahren

42. ёмкость - der Behälter

43. ещё - auch, mehr

44. жáрко - heiß

45. ждать - warten

46. живóтное - das Tier

47. за - hinter, für

48. загорáть - sonnenbaden

49. зал - die Halle

50. заправлЯться - tanken

51. здáние - das Gebäude

52. землЯ - der Boden (unter den Füßen), die Erde (wie in "Gartenerde")

53. зóнтик - der Schirm, der Regenschirm

54. зрúтель - der Zuschauer

55. из - von, aus

56. икóна - die Ikone

57. имéется - es gibt, es sind

58. имéть - haben, besitzen

59. кабинéт - das Büro

60. кáждый - jeder, jedes, jede

61. кáмень - der Stein

62. кáсса - der Fahrkartenschalter

63. катáться - fahren, reiten

64. кафé - das Café

65. клýмба - das Blumenbeet

66. когдá - wenn, als

67. колесó обозрéния - das Riesenrad

68. конéц - das Ende

69. конфéта - die Süßigkeit

70. костЮм - das Kostüm

71. край - der Rand

72. красúвый - schön, hübsch

73. крéсло - der Stuhl, der Sessel

74. кровáть - das Bett

75. крóме - neben, ausser

76. крýглый - rund

77. куст - der Busch

78. кушéтка - das Sofa

79. лекáрство - das Medikament

80. лéто - der Sommer

81. лечúть - behandeln

82. лифт - der Fahrstuhl

83. лóдка - das Boot

84. лóдочный - Boot-

85. магази́н - das Geschäft
86. масса́ж - die Massage
87. мастерска́я - die Werkstatt
88. маши́на - das Auto
89. маши́нка - das kleine Auto
90. ме́жду - zwischen
91. мно́го - viele, viel
92. моро́женое - das Eis
93. мо́стик - das Brückchen
94. мэ́рия - das Rathaus
95. набира́ть - nehmen
96. наблюда́ть - zuschauen, schauen, beobachten
97. над - über
98. напи́ток - das Getränk
99. напро́тив - gegenüber
100. наруши́тель - der Gesetzesbrecher
101. недалеко́ - in der Nähe von, nicht weit entfernt
102. не́которые - manche, einige
103. не́сколько - einige
104. но́вый - neu
105. но́мер - die Nummer
106. облива́ться - sich mit Wasser übergießen
107. объяви́ть - ankündigen
108. огра́да - der Zaun
109. оде́тый - angekleidet
110. ожида́ние - das Warten
111. о́зеро - der See
112. о́коло - in der Nähe, neben
113. окули́ст - der Augenarzt
114. остано́вка - die Haltestelle
115. отделе́ние - die Polizeistation
116. отдыха́ть - ausruhen
117. отоларинго́лог - der HNO-Arzt (Hals, Nase, Ohren)
118. отправля́ть - schicken
119. пала́та - das Patientenzimmer
120. па́мятник - das Denkmal
121. парк - der Park
122. пе́рвый - zuerst, erster
123. пе́ред - vor
124. песча́ный - sandig
125. письмо́ - der Brief
126. пить - trinken
127. пла́вать - schwimmen, segeln
128. пло́щадь - der Platz
129. пляж - der Strand

130. под - unter

131. подъезжа́ть - anfahren

132. по́езд - der Zug

133. полице́йский - der Polizist

134. поли́ция - die Polizei

135. получа́ть - bekommen

136. поря́док - die Ordnung

137. поса́дка - das Boarding, das Einsteigen

138. посы́лка - das Paket

139. по́чта - das Postamt

140. почто́вый - Post-

141. поэ́тому - deswegen, deshalb

142. прогу́лка - der Spaziergang

143. продава́ть - verkaufen

144. проходи́ть - vorbeigehen

145. пруд - der Teich

146. рабо́тать - arbeiten

147. ра́зный - verschieden, unterschiedlich

148. расписа́ние - der Fahrplan

149. располага́ться - sich befinden

150. расти́ - wachsen

151. регистрату́ра - die Meldestelle

152. рентген-кабинет - das Röntgenzimmer

153. рестора́н - das Restaurant

154. роди́тели - die Eltern

155. руче́й - der Strom

156. ры́бка - der Fisch

157. ря́дом - in der Nähe von, neben

158. сади́ться - sich setzen

159. сего́дня - heute

160. сейча́с - jetzt

161. скаме́йка - die Bank

162. сквер - kleiner Park

163. сла́дкий - süß

164. слу́жба - der Service

165. смотре́ть - schauen, zuschauen, beobachten

166. спекта́кль - das Spiel, die Performance

167. спортза́л - die Turnhalle

168. спорти́вный - Sport-

169. стадио́н - das Stadion

170. ста́нция - die Station

171. ста́рый - alt

172. стекля́нный - das Glas

173. стол - der Tisch

174. столо́вая - der Speisesaal
175. стомато́лог - der Zahnarzt
176. стул - der Stuhl
177. сце́на - die Bühne
178. там - dort
179. теа́тр - das Theater
180. телеви́зор - der Fernseher
181. телефо́н, тру́бка - das Telefon
182. терапе́вт - der Hausarzt
183. террито́рия - das Territorium, das Gebiet
184. това́р - Güter, Dinge
185. то́же - auch
186. тре́тий - dritter
187. три - drei
188. туале́т - die Toilette
189. туда́ - dorthin
190. ту́мбочка - der Nachttisch
191. тюрьма́ - das Gefängnis
192. у́гол - die Ecke
193. у́лица - die Straße
194. у́тка - die Ente
195. фонта́н - der Brunnen
196. фо́рма - die Form
197. хиру́рг - der Chirurg
198. холоди́льник - der Kühlschrank
199. холо́дный - kalt
200. цветы́ - die Blumen
201. центр - die Mitte, das Zentrum
202. це́рковь - die Kirche
203. часы́ - die Uhr
204. че́рез - über, durch
205. четвёртый - vierter
206. ша́рик - kleiner Ball
207. шесть - sechs
208. шкаф - der Schrank
209. шко́ла - die Schule
210. э́та - diese
211. эта́ж - der Stockwerk
212. э́тот - dieser
213. я́щик - die Box, der Karton, die Schachtel

1

Сейча́с ле́то. В зоопа́рке мно́го люде́й сего́дня. Лю́ди хо́дят по доро́жкам и смо́трят на живо́тных. Во́зле доро́жек мно́го краси́вых цвето́в. В зоопа́рке есть больши́е и ма́ленькие дере́вья. Ме́жду дере́вьями есть краси́вые кусты́. Вдоль доро́жек стоя́т скаме́йки. На скаме́йках лю́ди отдыха́ют. Во́зле скаме́ек продаю́т возду́шные ша́рики. Доро́жки выхо́дят на алле́ю.

1

Es ist jetzt Sommer. Es sind viele Menschen im Zoo heute. Die Menschen gehen die Wege entlang und schauen die Tiere an. Es gibt viele schöne Blumen neben den Wegen. Es gibt große und kleine Bäume im Zoo. Es gibt hübsche Büsche zwischen den Bäumen. Bänke stehen entlang der Wege. Menschen ruhen sich auf den Bänken aus. Ballons werden neben den Bänken verkauft. Die Pfade führen zu dem Weg.

По аллее́ е́здит де́тский по́езд. Вдоль алле́и стои́т высо́кая огра́да. За огра́дой на лужа́йке пасу́тся зе́бры. Они́ едя́т траву́. У них стоя́т ёмкости с водо́й на краю́ лужа́йки. На поля́не ти́гра то́же есть трава́. Там та́кже есть де́рево и ручей с водо́й. Ти́гру жа́рко. Он лежи́т на траве́ под де́ревом. На площа́дке у слона́ нет травы́. Там есть песо́к и небольшо́й бассе́йн. Слон набира́ет во́ду из бассе́йна хо́ботом и облива́ется. На террито́рии гиппопота́ма есть большо́й бассе́йн и ма́ленькая лужа́йка с траво́й. Гиппопота́м всё вре́мя нахо́дится в воде́. В павильо́не у крокоди́лов то́же есть бассе́йн. У них есть лужа́йка с песко́м. Крокоди́лы лежа́т на песке́. В кле́тке у орла́ есть де́рево. Во́зле де́рева на земле́ лежа́т больши́е ка́мни. В углу́ кле́тки стои́т ёмкость с водо́й.

В конце́ алле́и есть небольши́е кафе́. Там продаю́т моро́женое, горя́чие бутербро́ды, конфе́ты и напи́тки. Во́зле

Ein Kinderzug fährt am Weg entlang. Ein hoher Zaun steht neben dem Weg. Zebras grasen auf dem Rasen hinter dem Zaun. Sie essen Gras. Am Rand des Rasens stehen Behälter mit Wasser. Der Rasen des Tigers hat auch Gras. Es gibt auch einen Baum und einen Wasserstrom. Dem Tiger ist heiß. Er liegt auf dem Gras unter dem Baum. Das Elefanten-Gehege hat kein Gras. Es gibt etwas Sand und ein kleines Becken. Der Elefant nimmt Wasser in seinen Rüssel und übergießt sich damit. Das Gebiet des Nilpferds hat ein großes Becken und einen kleinen Rasen. Das Nilpferd ist immer im Wasser. Der Pavillon der Krokodile hat auch ein Becken. Sie haben eine sandige Liegewiese. Die Krokodile liegen auf dem Sand.
Der Adlerkäfig hat einen Baum. Es gibt große Steine auf dem Boden neben dem Baum. Es gibt einen Behälter mit Wasser in der Ecke.
Es gibt kleine Cafés am Ende des Weges.
Eis, warme Sandwiches, Süßigkeiten und Getränke werden hier verkauft. Ein paar

кафе́ стоя́т зо́нтики. Под зо́нтиками стоя́т столы́ и сту́лья. За стола́ми сидя́т роди́тели с детьми́. Они́ едя́т моро́женое и пьют сла́дкую во́ду. Ря́дом с кафе́ нахо́дится небольшо́й мо́стик и пруд. В пруду́ пла́вают у́тки.

Schirme stehen neben dem Café. Tische und Stühle sind unter Schirmen. Eltern mit Kindern sitzen an den Tischen. Sie essen Eis und trinken Erfrischungsgetränke. Es gibt eine kleine Brücke und einen Teich in der Nähe des Cafés. Enten schwimmen im Teich..

2

Э́тот го́род большо́й. Кро́ме зоопа́рка, в нём ещё есть теа́тр, мно́го магази́нов, автовокза́л, две автозапра́вочные ста́нции, отделе́ние поли́ции, большо́й стадио́н, гости́ница, мэ́рия, два

2

Dies ist eine große Stadt. Neben dem Zoo gibt es auch noch ein Theater, viele Geschäfte, einen Busbahnhof, zwei Tankstellen, eine Polizeistation, ein großes Stadion, ein Hotel, das Rathaus, zwei Parks, einen See, eine Kirche und ein Krankenhaus.

па́рка, о́зеро, це́рковь, больни́ца. В нём та́кже есть две шко́лы. Одна́ шко́ла нахо́дится че́рез доро́гу от зоопа́рка. Шко́ла больша́я. Зда́ние шко́лы име́ет четы́ре этажа́. В шко́ле есть кабине́ты, столо́вая, а́ктовый зал, спортза́л, мастерска́я и спорти́вная площа́дка. Во дворе́ шко́лы расту́т дере́вья. Там та́кже есть клу́мбы с цвета́ми.

Außerdem gibt es zwei Schulen. Eine Schule ist auf der anderen Seite der Straße gegenüber vom Zoo. Es ist eine große Schule. Das Schulgebäude hat vier Stockwerke. Es gibt Klassenräume, einen Speisesaal, ein Auditorium, eine Turnhalle, eine Werkstatt und einen Sportplatz in der Schule. Es gibt ein paar Bäume, die auf dem Schulhof wachsen. Es gibt dort auch Blumenbeete.

3

За шко́лой располо́жен городско́й парк. В па́рке мно́го ра́зных дере́вьев. Там есть алле́и для

3

Der Stadtpark befindet sich hinter der Schule. Es gibt viele verschiedene Bäume im Park. Es gibt Wege für Spaziergänge.

прогу́лок. Вдоль алле́й
расту́т краси́вые кусты́ и
стоя́т скаме́йки. В па́рке
та́кже есть больши́е и
ма́ленькие клу́мбы. На
клу́мбах мно́го краси́вых
цвето́в. В це́нтре па́рка
нахо́дится кру́глый
фонта́н. В нём льётся
холо́дная вода́. В фонта́не
пла́вают ма́ленькие ры́бки.
Вокру́г фонта́на мно́го
роди́телей с детьми́. Они́
наблюда́ют за ры́бками.

Schöne Büsche wachsen dort
und Bänke stehen entlang der
Wege. Im Park gibt es auch
große und kleine Blumenbeete.
Die Blumenbeete haben viele
hübsche Blumen. Es gibt einen
runden Brunnen in der Mitte des
Parks. Der Brunnen führt kaltes
Wasser. Kleine Fische
schwimmen in dem Brunnen.
Viele Eltern mit Kindern
befinden sich um den Brunnen
herum. Sie beobachten die
Fische.

4

Ря́дом с па́рком нахо́дится
больша́я пло́щадь. На
пло́щади располо́жен
теа́тр. Зда́ние теа́тра

4

Es gibt einen großen Platz neben
dem Park. Ein Theater befindet
sich auf dem Platz. Das
Theatergebäude ist alt, aber

ста́рое, но краси́вое. В теа́тре больша́я сце́на и зал для зри́телей. В теа́тре та́кже есть мно́го костю́мов для арти́стов. У вхо́да в теа́тр рабо́тают ка́ссы. В ка́ссах продаю́т биле́ты на спекта́кли. О́коло теа́тра стои́т па́мятник. Он большо́й. Во́зле па́мятника лежа́т цветы́.

schön. Das Theater hat eine große Bühne und einen Publikumsbereich. Das Theater hat auch viele Kostüme für die Schauspieler. Der Kartenschalter befinden sich am Eingang des Theaters. Tickets werden an den Kartenschaltern verkauft. Es gibt ein Denkmal, das neben dem Theater steht. Es ist groß. Ein paar Blumen liegen am Fuß des Denkmals.

5

5

Пе́ред теа́тром прохо́дит больша́я у́лица. По у́лице е́здит мно́го маши́н. Вдоль у́лицы нахо́дятся магази́ны. В магази́нах мно́го ра́зных това́ров.

Es gibt eine große Straße vor dem Theater. Viele Autos fahren auf der Straße. Geschäfte befinden sich entlang der Straße. Viele verschiedene Produkte sind in den Geschäften..

Ме́жду магази́нами нахо́дится зда́ние по́чты. На по́чте лю́ди получа́ют и отправля́ют посы́лки и пи́сьма. Во́зле двере́й по́чты виси́т почто́вый я́щик.

Es gibt ein Postamt zwischen den Geschäften. Menschen empfangen und senden Pakete und Briefe beim Postamt. Ein Briefkasten hängt an der Tür des Postamts.

7

В конце́ э́той у́лицы зда́ние гости́ницы. В э́том го́роде две гости́ницы. Э́та гости́ница больша́я. Зда́ние гости́ницы име́ет шесть этаже́й. В гости́нице есть мно́го номеро́в. В не́которых номера́х есть телеви́зор и холоди́льник. В ка́ждом но́мере есть крова́ти, сту́лья, ту́мбочки и шкаф. В номера́х та́кже име́ется туале́т и душ. На пе́рвом этаже́ гости́ницы нахо́дится рестора́н. Гости́ница та́кже име́ет лифт.

Ein Hotelgebäude befindet sich am Ende dieser Straße. Es gibt zwei Hotels in der Stadt. Dieses Hotel ist groß. Das Hotelgebäude hat sechs Stockwerke. Es gibt viele Zimmer in dem Hotel. Manche Zimmer haben Fernseher und Kühlschränke. Betten, Stühle, Nachttische und Schränke sind in jedem Zimmer. Es gibt auch ein Badezimmer und eine Dusche. Es gibt ein Restaurant im ersten Stock des Hotels. Das Hotel hat auch einen Fahrstuhl.

8

Недалеко́ от гости́ницы нахо́дится мэ́рия. Зда́ние мэ́рии име́ет три этажа́. Там мно́го кабине́тов. В кабине́тах есть столы́, сту́лья, шкафы́. Во всех кабине́тах есть та́кже телефо́ны.

8

Das Rathaus ist nicht weit vom Hotel entfernt. Das Rathausgebäude hat drei Stockwerke. Es gibt dort viele Büros. Büros haben Tische, Stühle und Schränke. Alle Büros haben auch Telefone.

9

Мѐжду мэ́рией и
гости́ницей есть
небольшо́й сквер. Там
краси́вые клу́мбы. На
клу́мбах растёт мно́го
ра́зных цвето́в. В скве́ре
та́кже есть дере́вья. Мѐжду
дере́вьями стоя́т
скаме́йки. О́коло скве́ра
стои́т це́рковь. Она́ ста́рая
и не о́чень больша́я.
Це́рковь краси́вая. В ней
мно́го ико́н. В воскресе́нье
в це́ркви прохо́дит слу́жба,
поэ́тому там мно́го люде́й.

9

Es gibt einen kleinen Park
zwischen dem Rathaus und dem
Hotel. Es gibt dort schöne
Blumenbeete. Viele
verschiedene Blumen wachsen
auf den Blumenbeeten. Es gibt
auch Bäume im Park. Bänke
stehen zwischen den Bäumen.
In der Nähe gibt es eine Kirche.
Sie ist alt und nicht sehr groß.
Die Kirche ist schön. Sie hat
viele Ikonen. Am Sonntag gibt es
eine Predigt in der Kirche,
deswegen sind viele Menschen
da.

10

10

Возле церкви находится больница. Здание больницы имеет четыре этажа. Там есть кабинеты врачей и палаты для больных. На первом этаже находится регистратура. Там есть также кабинет терапевта. На втором этаже кабинеты стоматолога и окулиста. Кабинеты хирурга и отоларинголога находятся на третьем этаже. Также есть рентген-кабинет и кабинет массажа. Они на четвёртом этаже. В каждом кабинете есть стол, два стула и кушетка. В некоторых кабинетах есть

Es gibt ein Krankenhaus neben der Kirche. Das Krankenhausgebäude hat vier Stockwerke. Arztpraxen und Patientenzimmer sind hier. Die Anmeldestelle ist im ersten Stock. Dort ist auch das Büro eines Hausarztes. Zahnarzt- und Augenarzt-Praxen sind im zweiten Stock . Chirurgen und HNO-Ärzte sind im dritten Stock. Es gibt auch einen Röntgenraum und einen Massageraum. Sie sind im vierten Stock. Jede Praxis hat einen Tisch, zwei Stühle und eine Untersuchungsliege. Manche Praxen haben Glasschränke mit

стекля́нные шкафы́ с лека́рствами. В пала́тах есть крова́ти, сту́лья и ту́мбочки. В больни́це рабо́тают врачи́. Они́ ле́чат больны́х.

Medikamenten. Patientenzimmer haben Betten, Stühle und Nachttische. Ärzte arbeiten im Krankenhaus. Sie behandeln Patienten.

11

11

Пе́ред больни́цей нахо́дится авто́бусная остано́вка. Че́рез три остано́вки от больни́цы нахо́дится автовокза́л. Он но́вый и большо́й. Вокру́г зда́ния автовокза́ла мно́го авто́бусов. В зда́нии автовокза́ла есть ка́ссы. Они́ продаю́т биле́ты на авто́бусы. Над ка́ссами виси́т расписа́ние. Там та́кже есть часы́. Напро́тив касс нахо́дится зал ожида́ния. Там мно́го

Eine Bushaltestelle ist vor dem Krankenhaus. Ein Busbahnhof befindet sich drei Haltestellen vom Krankenhaus entfernt. Er ist neu und groß. Es gibt viele Busse rund um das Busbahnhofsgebäude. Es gibt Fahrkartenschalter im Busbahnhofsgebäude. Dort verkaufen sie Busfahrkarten. Der Busfahrplan hängt über der Verkaufsstelle. Es gibt auch eine Uhr. Die Wartehalle ist gegenüber von den

кре́сел. На кре́слах сидя́т лю́ди и ждут, когда́ объя́вят поса́дку на авто́бус. Напро́тив автовокза́ла нахо́дится автозапра́вка. Туда́ подъезжа́ют маши́ны и авто́бусы и заправля́ются бензи́ном.

Fahrkartenschaltern. Es gibt viele Stühle. Menschen sitzen auf den Stühlen und warten, dass das Einsteigen angekündigt wird. Es gibt eine Tankstelle gegenüber vom Busbahnhof. Autos und Busse fahren dorthin und tanken.

12

12

Ме́жду больни́цей и автовокза́лом расположе́но городско́е отделе́ние поли́ции. Там есть не́сколько полице́йских маши́н. В поли́ции рабо́тают полице́йские. Они́ оде́ты в полице́йскую фо́рму. В полице́йском уча́стке мно́го кабине́тов. Там та́кже есть небольша́я тюрьма́. В тюрьме́ сидя́т наруши́тели поря́дка.

Die Polizeistation der Stadt befindet sich zwischen dem Krankenhaus und dem Busbahnhof. Es gibt mehrere Polizeiautos dort. Polizisten arbeiten in der Station. Sie tragen Polizeiuniformen. Es gibt viele Büros in der Polizeistation. Es gibt auch ein kleines Gefängnis. Gesetzesbrecher sitzen dort.

13

Недалеко́ от автовокза́ла есть большо́е о́зеро. Вокру́г о́зера песча́ный пляж. Лю́ди загора́ют на пля́же. На берегу́ о́зера есть ло́дочная ста́нция. Лю́ди садя́тся в ло́дки и пла́вают по о́зеру. Пе́ред о́зером нахо́дится парк аттракцио́нов. Там есть маши́нки, го́рки, колесо́ обозре́ния. В па́рке мно́го дете́й с роди́телями. Де́ти ката́ются на маши́нках.

13

Ein kleiner See ist nicht weit vom Busbahnhof entfernt. Es gibt einen sandigen Strand um den See herum. Menschen sonnen sich am Strand. Es gibt auch einen Bootssteg am Ufer. Menschen steigen in Boote und segeln auf dem See. Es gibt einen Vergnügungspark vor dem See. Es gibt Autos, Rutschen und ein Riesenrad. Viele Kinder mit Eltern sind im Park. Die Kinder fahren Autos.

Вопро́сы и отве́ты

1

- Что де́лают лю́ди в зоопа́рке?

- Лю́ди хо́дят по доро́жкам и смо́трят на живо́тных.

- В зоопа́рке есть дере́вья?

- Да, в зоопа́рке есть больши́е и ма́ленькие дере́вья.

- Что е́здит по алле́е?

- По алле́е е́здит де́тский по́езд.

- Кто пасётся на лужа́йке за огра́дой?

- За огра́дой на лужа́йке пасу́тся зе́бры.

- Что нахо́дится на поля́не ти́гра?

- На поля́не ти́гра есть трава́, де́рево и ручей с водо́й.

- Что де́лает тигр?

- Он лежи́т на траве́ под де́ревом.

- Что нахо́дится на площа́дке у слона́?

- Там есть песо́к и небольшо́й бассе́йн.

- Что де́лает слон?

- Слон набира́ет во́ду из бассе́йна хо́ботом и

Fragen und Antworten

1

- Was machen die Menschen im Zoo?

- Menschen gehen die Wege entlang und schauen sich die Tiere an.

- Gibt es Bäume im Zoo?

- Ja, es gibt große und kleine Bäume im Zoo.

- Was fährt am Weg entlang?

- Ein Kinderzug fährt am Weg entlang.

- Wer grast auf der Wiese hinter dem Zaun?

- Zebras grasen auf der Wiese hinter dem Zaun.

- Was befindet sich auf dem Rasen der Tiger?

- Es gibt Gras, einen Baum und einen Wasserstrom auf dem Rasen der Tiger.

- Was macht der Tiger?

- Er liegt auf dem Gras unter dem Baum.

- Was befindet sich im Elefantengelände?

- Es gibt Sand und ein kleines Becken.

- Was macht der Elefant?

- Er nimmt Wasser in seinen Rüssel und übergießt sich

обливáется.

- Где нахóдится гиппопотáм?

- Он всё врéмя нахóдится в водé.

- Крокодúлы нахóдятся в водé?

- Нет, онú лежáт на пескé.

- В клéтке у орлá есть бассéйн?

- Нет, в клéтке у орлá есть дéрево.

- Что продаю́т в кафé?

- Там продаю́т морóженое, горя́чие бутербрóды, конфéты и напúтки.

- Кто сидúт за столáми?

- За столáми сидя́т родúтели с детьмú.

- Что нахóдится ря́дом с кафé?

- Ря́дом с кафé нахóдится небольшóй мóстик и пруд.

- В прудý плáвает бегемóт?

- Нет, в прудý плáвают ýтки.

2

- Э́тот гóрод большóй úли мáленький?

- Э́тот гóрод большóй.

- Что ещё есть в э́том гóроде?

- В гóроде ещё есть теáтр, мнóго магазúнов, автовокзáл, две автозапрáвочные стáнции,

- damit.

- Wo ist das Nilpferd?

- Es ist immer im Wasser.

- Sind Krokodile im Wasser?

- Nein, sie liegen auf dem Sand.

- Gibt es ein Wasserbecken im Adlerkäfig?

- Nein, es gibt einen Baum im Adlerkäfig.

- Was wird im Café verkauft?

- Es werden Eis, warme Sandwiches, Süßigkeiten und Getränke verkauft.

- Wer sitzt an den Tischen?

- Eltern mit Kindern sitzen an den Tischen.

- Was befindet sich neben dem Café?

- Es gibt eine kleine Brücke und einen Teich nicht weit vom Café entfernt.

- Schwimmt das Nilpferd im Teich?

- Nein, Enten schwimmen im Teich.

2

- Ist diese Stadt groß oder klein?

- Diese Stadt ist groß.

- Was gibt es sonst in der Stadt?

- Es gibt ein Theater, viele Geschäfte, einen Busbahnhof, zwei Tankstellen, eine Polizeistation, ein großes

отделение полиции,
большой стадион,
гостиница, мэрия, два парка,
озеро, церковь, больница и
две школы.
- Возле зоопарка есть
школа?
- Да, одна школа находится
через дорогу от зоопарка.
- Что есть в школе?
- Там есть столовая,
актовый зал, спортзал,
мастерская и спортивная
площадка.
- Сколько этажей имеет
здание школы?
- Здание школы имеет
четыре этажа.

Stadion, ein Hotel, das Rathaus,
zwei Parks, einen See, eine
Kirche, ein Krankenhaus und
zwei Schulen.
- Gibt es eine Schule neben
dem Zoo?
- Ja, eine Schule befindet sich
auf der anderen Seite der
Straße gegenüber vom Zoo.
- Was gibt es in der Schule?
- Es gibt einen Speisesaal, ein
Auditorium, eine Turnhalle,
eine Werkstatt und einen
Sportplatz.
- Wie viele Stockwerke hat das
Schulgebäude?
- Das Schulgebäude hat vier
Stockwerke.

3

- Где расположен городской
парк?
- Он расположен за школой.
- Что находится в центре
парка?
- В центре парка находится
круглый фонтан.
- В фонтане есть рыбки?
- Да, там плавают маленькие
рыбки.
- Что ещё есть в парке?
- В парке также есть
большие и маленькие
клумбы.
- На клумбах есть цветы?
- Да, на клумбах много
красивых цветов.

- Wo befindet sich der
Stadtpark?
- Er befindet sich hinter der
Schule.
- Was befindet sich in der Mitte
des Parks?
- Es gibt einen runden Brunnen
in der Mitte des Parks.
- Gibt es Fische im Brunnen?
- Ja, dort schwimmen kleine
Fische.
- Was gibt es sonst im Park?
- Es gibt auch große und kleine
Blumenbeete im Park.
- Gibt es Blumen im
Blumenbeet?
- Ja, es gibt viele schöne
Blumen auf dem Blumenbeet.

4

- Где располо́жен теа́тр?
- Он располо́жен на пло́щади.
- Зда́ние теа́тра но́вое?
- Нет, оно́ ста́рое, но краси́вое.
- Сце́на в теа́тре больша́я и́ли ма́ленькая?
- В теа́тре больша́я сце́на.
- Где продаю́т биле́ты на спекта́кли?
- Биле́ты на спекта́кли продаю́т в ка́ссах.
- Что стои́т о́коло теа́тра?
- О́коло теа́тра стои́т па́мятник.

5

- Что нахо́дится вдоль у́лицы?
- Вдоль у́лицы нахо́дятся магази́ны.

6

- Где нахо́дится зда́ние по́чты?
- Зда́ние по́чты нахо́дится ме́жду магази́нами.
- Что де́лают лю́ди на по́чте?
- На по́чте лю́ди получа́ют и отправля́ют посы́лки и пи́сьма.

7

- Ско́лько гости́ниц в э́том го́роде?

4

- Wo befindet sich das Theater?
- Es befindet sich auf dem Platz.
- Ist das Theatergebäude neu?
- Nein, es ist alt, aber schön.
- Ist die Theaterbühne groß oder klein?
- Es gibt eine große Bühne im Theater.
- Wo werden die Theatertickets verkauft?
- Die Theatertickets werden am Ticketschalter verkauft.
- Was steht neben dem Theater?
- Ein Denkmal steht neben dem Theater.

5

- Was befindet sich entlang der Straße?
- Geschäfte befinden sich entlang der Straße.

6

- Wo ist das Postamtgebäude?
- Das Postamtgebäude befindet sich zwischen den Geschäften.
- Was machen Menschen im Postamt?
- Menschen empfangen und senden Pakete und Briefe im Postamt.

7

- Wie viele Hotels gibt es in dieser Stadt?

- В э́том го́роде две гости́ницы.
- Es gibt zwei Hotels in dieser Stadt.
- Э́та гости́ница ма́ленькая?
- Ist dieses Hotel klein?
- Нет, она́ больша́я.
- Nein, es ist groß.
- Телеви́зор есть в ка́ждом но́мере?
- Gibt es einen Fernseher in jedem Hotelzimmer?
- Нет, не в ка́ждом. Телеви́зор есть в не́которых номера́х.
- Nein, nicht in jedem Zimmer. Es gibt Fernseher in manchen Zimmern.
- Что есть в ка́ждом но́мере?
- Was hat jedes Zimmer?
- В ка́ждом но́мере есть крова́ти, сту́лья, ту́мбочки и шкаф.
- Jedes Zimmer hat ein Bett, Stühle, Nachttische und einen Schrank.
- В номера́х име́ется туале́т и душ?
- Gibt es Badezimmer und Duschen im Zimmer?
- Да, там име́ется туале́т и душ.
- Ja, es gibt Badezimmer und Duschen.
- Ресторáн нахо́дится на пе́рвом и́ли на после́днем этаже́?
- Ist das Restaurant im ersten Stock oder im obersten Stockwerk?
- Он нахо́дится на пе́рвом этаже́.
- Es ist im ersten Stock.

8

- Ско́лько этаже́й име́ет зда́ние мэ́рии?
- Wie viele Stockwerke hat das Rathaus?
- Зда́ние мэ́рии име́ет три этажа́.
- Das Rathaus hat drei Stockwerke.
- Что в кабине́тах?
- Was ist in den Zimmern?
- В кабине́тах столы́, сту́лья, шкафы́, ту́мбочки.
- Es gibt Tische, Stühle, Schränke und Kommoden in den Zimmern.

9

- Что расположе́но ме́жду мэ́рией и гости́ницей?
- Was befindet sich zwischen dem Rathaus und dem Hotel?
- Ме́жду мэ́рией и гости́ницей есть небольшо́й
- Es gibt einen kleinen Park zwischen dem Rathaus und dem Hotel.

сквер.
- Что есть в сквере?
- Там красивые клумбы. В сквере также есть деревья.
- Что стоит около сквера?
- Около сквера стоит церковь.
- Церковь новая?
- Нет, она старая и не очень большая.
- Она красивая?
- Да, церковь красивая. В ней много икон.
- В церкви есть люди?
- Да, в воскресенье в церкви проходит служба и там много людей.

10

- Где находится больница?
- Она возле церкви.
- Сколько там этажей?
- Здание больницы имеет четыре этажа.
- Что есть в больнице?
- Там есть кабинеты врачей и палаты для больных.
- На каком этаже находится регистратура?
- Она находится на первом этаже.
- Кабинеты каких врачей есть в больнице?
- Там есть кабинеты терапевта, стоматолога, окулиста, хирурга,

- Was ist in dem Park?
- Es gibt schöne Blumenbeete. Es gibt auch Bäume im Park.
- Was ist neben dem Park?
- Es gibt eine Kirche neben dem Park.
- Ist die Kirche neu?
- Nein, sie ist alt und nicht sehr groß.
- Ist sie hübsch?
- Ja, sie ist schön. Sie hat viele Ikonen.
- Gibt es Menschen in der Kirche?
- Ja, es gibt eine Predigt am Sonntag und es sind viele Menschen da.

10

- Wo befindet sich das Krankenhaus?
- Es befindet sich neben der Kirche.
- Wie viele Stockwerke hat es?
- Das Krankenhausgebäude hat vier Stockwerke.
- Was gibt es in dem Krankenhaus?
- Es gibt Arztpraxen und Patientenzimmer.
- In welchem Stockwerk ist die Meldestelle?
- Sie ist im ersten Stock.
- Was für Arztpraxen hat das Krankenhaus?
- Es gibt Hausarzt-, Zahnarzt-, Augenarzt-, Chirurg- und HNO-

отоларинго́лога.
- Рентге́н кабине́т на второ́м этаже́?
- Нет, рентген-кабинет на четвёртом этаже́. На второ́м этаже́ кабине́т стомато́лога и окули́ста.
- На како́м этаже́ кабине́т хиру́рга?
- Кабине́т хиру́рга на тре́тьем этаже́. Там та́кже кабине́т отоларинго́лога.
- Что есть в ка́ждом кабине́те?
- В ка́ждом кабине́те есть стол, два сту́ла и куше́тка. В не́которых кабине́тах есть стекля́нные шкафы́ с лека́рствами.
- В пала́тах то́же есть столы́, сту́лья и шкафы́?
- Нет, в пала́тах нет столо́в и шкафо́в. Там есть крова́ти, сту́лья и ту́мбочки.
- Кто рабо́тает в больни́це?
- В больни́це рабо́тают врачи́. Они́ ле́чат больны́х.

11

- Где нахо́дится авто́бусная остано́вка?
- Она́ нахо́дится пе́ред больни́цей.
- Автовокза́л нахо́дится о́коло больни́цы?
- Нет, он нахо́дится че́рез

Arztpraxen.
- Ist der Röntgenraum im zweiten Stock?
- Nein, der Röntgenraum ist im vierten Stock . Im zweiten Stock ist eine Zahnarztpraxis und eine Augenarztpraxis.
- In welchem Stock ist die Chirurgie?
- Die Chirurgie ist im dritten Stock. Der HNO-Arzt ist auch dort.
- Was hat jede Praxis?
- Jede Praxis hat einen Tisch, zwei Stühle und ein Sofa. Manche Praxen haben Glasschränke mit Medikamenten.
- Gibt es auch Tische, Stühle und Schränke in den Patientenzimmern?
- Nein, es gibt keine Tische und Schränke in den Patientenzimmern. Es gibt nur Betten, Stühle und Nachttische da.
- Wer arbeitet im Krankenhaus?
- Ärzte arbeiten im Krankenhaus. Sie behandeln Patienten.

11

- Wo ist die Bushaltestelle?
- Sie ist vor dem Krankenhaus.
- Ist der Busbahnhof in der Nähe des Krankenhauses?
- Nein, er befindet sich drei

три остано́вки от больни́цы.
- Что есть в зда́нии автовокза́ла?
- В зда́нии автовокза́ла есть ка́ссы.
- Где расписа́ние?
- Расписа́ние виси́т над ка́ссами. Там та́кже есть часы́.
- Есть ли там зал ожида́ния?
- Да, есть. Зал ожида́ния нахо́дится напро́тив касс.
- Что де́лают лю́ди в за́ле ожида́ния?
- Они́ сидя́т на кре́слах и ждут, когда́ объя́вят поса́дку на авто́бус.
- Где нахо́дится автозапра́вка?
- Она́ нахо́дится напро́тив автовокза́ла.
- Заче́м туда́ подъезжа́ют маши́ны и авто́бусы?
- Они́ заправля́ются бензи́ном.

12

- Где нахо́дится отделе́ние поли́ции?
- Городско́е отделе́ние поли́ции располо́жено ме́жду больни́цей и автовокза́лом.
- Там есть маши́ны?
- Да, там есть не́сколько полице́йских маши́н.

Haltestellen vom Krankenhaus entfernt.
- Was gibt es im Busbahnhof?
- Es gibt Ticketschalter im Busbahnhofsgebäude.
- Wo ist der Fahrplan?
- Der Fahrplan hängt über dem Fahrkartenschalter. Es gibt auch eine Uhr.
- Gibt es eine Wartehalle?
- Ja, gibt es. Die Wartehalle befindet sich gegenüber von den Fahrkartenschaltern.
- Was machen die Leute in der Wartehalle?
- Sie sitzen auf ihren Stühlen und warten, dass das Einsteigen angekündigt wird.
- Wo ist die Tankstelle?
- Sie ist gegenüber vom Busbahnhof.
- Warum fahren die Autos und Busse dorthin?
- Sie fahren dorthin, um zu tanken.

12

- Wo ist die Polizeistation?
- Die Polizeistation befindet sich zwischen dem Krankenhaus und dem Busterminal.
- Gibt es dort Autos?
- Ja, es gibt ein paar Polizeiautos.

- Во что одéты
полицéйские?
- Онú одéты в полицéйскую
фóрму.
- Что ещё есть в полúции?
- Там тáкже есть небольшáя
тюрьмá.
- Кто сидúт в тюрьмé?
- В тюрьмé сидя́т
нарушúтели поря́дка.

13

- Óзеро далекó от
автовокзáла?
- Нет, óзеро недалекó.
- Там есть пляж?
- Да, вокрýг óзера песчáный
пляж.
- Что есть на берегý óзера?
- На берегý óзера есть
лóдочная стáнция.
- Где нахóдится парк
аттракциóнов?
- Парк аттракциóнов
нахóдится пéред óзером.
- Что есть в пáрке?
- Там есть машúнки, гóрки,
колесó обозрéния.
- Кто гуля́ет в пáрке.
- В пáрке мнóго детéй с
родúтелями.

- Was tragen die Polizisten?
- Sie tragen Polizeiuniformen.
- Was gibt es noch bei der
Polizei?
- Es gibt auch ein kleines
Gefängnis.
- Wer ist im Gefängnis?
- Gesetzesbrecher sind im
Gefängnis.

13

- Ist der See weit vom
Busterminal entfernt?
- Nein, der See ist nicht weit
entfernt.
- Gibt es dort einen Strand?
- Ja, es gibt einen sandigen
Strand um den See herum.
- Was ist am Ufer des Sees?
- Es gibt einen Bootsanleger
am Ufer.
- Wo ist der Vergnügungspark?
- Der Vergnügungspark
befindet sich vor dem See.
- Was ist im Vergnügungspark?
- Es gibt Autos, Rutschen und
ein Riesenrad.
- Wer geht im Park spazieren?
- Viele Kinder mit ihren Eltern.

На стадио́не нахо́дятся спортсме́ны

Es gibt Sportler im Stadion

Слова́

Vokabeln

1. атле́т - der Sportler
2. баскетбо́л - der Basketball
3. баскетболи́ст - der Basketballspieler
4. баскетбо́льный - Basketball-
5. бить - schlagen, spielen
6. броса́ть - werfen
7. бы́стро - schnell
8. велосипе́д - das Fahrrad
9. велосипеди́ст - der Fahrradfahrer
10. велосипе́дный - Fahrrads-
11. вес - das Gewicht
12. волейбо́л - der Volleyball
13. волейболи́ст - der Volleyballspieler
14. выполня́ть - performen
15. высоко́ - hoch
16. вы́шка - das Sprungbrett
17. гол - das Tor
18. гольф - das Golf
19. гольфист - der Golfspieler
20. гру́ппа - das Team
21. до́лжен - muss, müssen
22. друг - der Freund
23. забива́ть - ein Tor machen, ein Tor schießen
24. забра́сывать - schlagen, spielen
25. загоня́ть - stellen, legen, setzen
26. занима́ться - üben, trainieren, teilnehmen
27. игра́ть - spielen
28. клю́шка - der Golfschläger
29. корзи́на - der Korb
30. корт - der Tennisplatz

31. краси́во - hübsch, schön
32. ли́шний - extra,
    besonders
33. лови́ть - fangen
34. лу́нка - das Loch
35. мише́нь - das Ziel
36. мочь - können
37. мяч - der Ball
38. неиспра́вный - kaputt
39. нельзя́ - nicht erlaubt,
    verboten
40. остана́вливаться -
    stoppen, anhalten
41. пла́вательный -
    Schwimm-
42. плове́ц - der Schwimmer
43. поднима́ть - heben
44. по́днятый - gehoben
45. по́ле - das Feld
46. попа́сть - (ein Ziel) treffen
47. пра́вый - rechte
48. раке́тка - der Schläger
49. ружьё - das Gewehr
50. сбива́ть - umschubsen (in
    diesem Zusammenhang)
51. се́кция - der Club, der
    Verein
52. се́тка - das Netz
53. скейт - das Skateboard
54. скейтбордист - der
    Skateboarder

55. сло́жный - schwierig
56. сопе́рник - der Gegner
57. спортсме́н - der Sportler
58. стре́лок - der Schütze
59. стреля́ть - schießen
60. та́нец - der Tanz
61. танцо́р - der Tänzer
62. те́ннис - das Tennis
63. тенниси́ст - der
    Tennisspieler
64. те́ннисный - Tennis-
65. тир - der Schießstand
66. толка́ть - schubsen (in
    diesem Zusammenhang)
67. трек - die Strecke (in
    diesem Zusammenhang)
68. тренирова́ться - üben,
    trainieren
69. трюк - der Trick
70. тяжелоатле́т - der
    Gewichtheber
71. тяжёлый - schwer
72. уме́ть - können
73. футбо́л - der Fußball
74. футболи́ст - der
    Fußballspieler
75. футбо́льный - Fußball-
76. шта́нга - die Hantel,
    Gewichte
77. экстри́м - extrem
78. э́то - dies

1

Во́зле зоопа́рка нахо́дится стадио́н. Сего́дня воскресе́нье и на стадио́не мно́го спортсме́нов.

1

Das Stadion befindet sich in der Nähe des Zoos. Heute ist Sonntag und viele Sportler sind im Stadion.

2

Э́то атле́т. Он уме́ет бе́гать и пры́гать. Он до́лжен бы́стро бе́гать и высоко́ пры́гать. Ему́ нельзя́ е́здить на велосипе́де.

2

Dies ist ein Sportler. Er kann laufen und springen. Er muss schnell laufen und hoch springen. Er sollte nicht Fahrrad fahren.

3

Э́то тяжелоатле́т. Он уме́ет поднима́ть тяжёлый вес. Он до́лжен поднима́ть шта́нгу. Ему́ нельзя́ бе́гать с по́днятой шта́нгой.

3

Dies ist ein Gewichtheber. Er kann schwere Gewichte heben. Er muss eine Hantel heben. Er kann nicht mit den Hanteln laufen.

4

На стадио́не есть футбо́льное по́ле. На по́ле футболи́сты. Они́ уме́ют игра́ть в футбо́л. Они́ должны́ бе́гать и забива́ть голы́. Футболи́стам нельзя́ бить по мячу́ руко́й.

4

Es gibt ein Fußballfeld im Stadion. Fußballspieler sind auf dem Fußballfeld. Sie spielen Fußball. Sie müssen laufen und Tore schießen. Fußballspieler dürfen den Ball nicht mit ihren Händen spielen.

5

Во́зле стадио́на есть пла́вательный бассе́йн. В бассе́йне занима́ются пловцы́. Они́ уме́ют пла́вать, мо́гут пры́гать в во́ду с вы́шки. Пловца́м нельзя́ остана́вливаться.

5

Es gibt ein Schwimmbecken in der Nähe des Stadiums. Schwimmer trainieren im Schwimmbecken. Sie können schwimmen und vom Sprungbrett ins Wasser springen. Schwimmer können nicht aufhören.

6

Во́зле стадио́на есть по́ле для го́льфа. На по́ле игра́ют гольфисты. Гольфист до́лжен загна́ть мяч в лу́нку. Он мо́жет бить по мячу́ клю́шкой. Гольфисту нельзя́ бить по мячу́ ного́й и́ли руко́й.

6

Es gibt einen Golfplatz neben dem Stadium. Golfer spielen auf dem Kurs. Ein Golfer muss den Golfball ins Loch bringen. Er kann den Ball mit einem Golfschläger schlagen. Der Golfer darf den Ball nicht mit seinem Fuß oder seiner Hand spielen.

7

Во́зле стадио́на есть баскетбо́льная площа́дка. На площа́дке игра́ют баскетболи́сты. Они́ уме́ют игра́ть в баскетбо́л. Баскетболи́сты должны́ забра́сывать мяч в корзи́ну рука́ми. Баскетболи́стам нельзя́ толка́ть сопе́рников.

7

Es gibt einen Basketballplatz neben dem Stadium. Basketballspieler spielen auf dem Basketballplatz. Sie können Basketball spielen. Basketballspieler müssen den Ball mit ihren Händen in den Korb werfen. Basketballspieler dürfen ihre Gegner nicht schubsen..

8

На стадио́не есть велосипе́дный трек. На тре́ке трениру́ются велосипеди́сты. Они́ уме́ют е́здить на велосипе́дах. Велосипеди́сты должны́ бы́стро е́здить. Велосипеди́стам нельзя́ сбива́ть друг дру́га.

Es gibt eine Fahrradstrecke am Stadium. Fahrradfahrer trainieren auf der Fahrradstrecke. Sie können Fahrrad fahren. Fahrradfahrer müssen schnell fahren. Sie dürfen einander nicht umschubsen.

9

Вóзле стадиóна есть площáдка для волейбóла. На площáдке спортсмéны игрáют в волейбóл. Они́ умéют бить мяч чéрез сéтку. Волейболи́сты должны́ бить мяч рукáми. Волейболи́стам нельзя́ бить мяч ногáми.

9

Es gibt einen Volleyballplatz in der Nähe des Stadions. Spieler spielen Volleyball auf dem Volleyballplatz. Sie können den Ball über das Volleyballnetz schlagen. Volleyballspieler müssen den Ball mit ihren Händen schlagen. Volleyballspieler dürfen den Ball nicht mit ihren Füßen spielen.

Во́зле стадио́на есть тир. В ти́ре трениру́ется стрело́к. Он уме́ет стреля́ть из ружья́. Стрело́к до́лжен попа́сть в мише́нь. Стре́лку нельзя́ стреля́ть по лю́дям.

Es gibt einen Schießstand neben dem Stadion. Ein Schütze trainiert am Schießstand. Er kann mit dem Gewehr schießen. Er muss das Ziel treffen. Er darf nicht auf Menschen schießen.

Во́зле стадио́на есть площа́дка для экстри́ма. На площа́дке е́здят скейтбордисты. Они́ уме́ют е́здить на скейтах. Скейтбордисты должны́ выполня́ть сло́жные трю́ки на скейтах. Скейтбордисту нельзя́ е́здить на неиспра́вном скейте.

Es gibt einen Bereich für Extremsportarten neben dem Stadion. Skateboarder fahren in dem Bereich. Sie können Skateboard fahren. Skateboarder müssen schwierige Tricks auf ihrem Skateboard machen. Ein Skateboarder darf nicht mit einem kaputten Skateboard fahren.

12

На стадио́не есть се́кция спорти́вных та́нцев. В се́кции есть гру́ппа танцо́ров. Они́ уме́ют краси́во танцева́ть. Танцо́ры должны́ танцева́ть гру́ппой. Танцо́рам нельзя́ име́ть ли́шний вес.

12

Es gibt einen Tanzverein im Stadion. Eine Gruppe von Tänzern geht dort hin. Sie können schön tanzen. Die Tänzer müssen als eine Gruppe tanzen. Sie können nicht übergewichtig sein.

Во́зле стадио́на есть те́ннисный корт. На ко́рте спортсме́ны игра́ют в те́ннис. Тенниси́сты уме́ют хорошо́ игра́ть пра́вой руко́й. Они́ должны́ бить по мячу́ раке́ткой. Тенниси́стам нельзя́ лови́ть мяч руко́й.

Es gibt einen Tennisplatz in der Nähe des Stadions. Tennisspieler spielen Tennis auf dem Platz. Tennisspieler können gut mit ihrer rechten Hand spielen. Sie müssen den Ball mit dem Schläger schlagen. Tennisspieler dürfen den Ball nicht mit ihren Händen fangen.

Вопро́сы и отве́ты | Fragen und Antworten

1

- Что нахо́дится во́зле зоопа́рка?

- Во́зле зоопа́рка нахо́дится стадио́н.

- На стадио́не сего́дня есть спортсме́ны?

- Да сего́дня на стадио́не мно́го спортсме́нов.

2

- Что уме́ет атле́т?

- Он уме́ет бе́гать и пры́гать.

- Атле́т до́лжен бы́стро бе́гать?

- Да, он до́лжен бы́стро бе́гать и высоко́ пры́гать.

3

- Что до́лжен де́лать тяжелоатле́т?

- Он до́лжен поднима́ть шта́нгу.

- Что нельзя́ де́лать тяжелоатле́ту?

- Ему́ нельзя́ бе́гать с по́днятой шта́нгой.

4

- Кто э́то на футбо́льном по́ле?

1

- Was befindet sich neben dem Zoo?

- Ein Stadion befindet sich neben dem Zoo.

- Sind heute irgendwelche Sportler im Stadion?

- Ja, heute sind viele Sportler im Stadion.

2

- Was kann ein Sportler tun?

- Er kann laufen und springen.

- Muss ein Sportler schnell laufen?

- Ja, er muss schnell laufen und hoch springen.

3

- Was muss der Gewichtheber tun?

- Er muss Hanteln heben.

- Was darf der Gewichtheber nicht tun?

- Er darf nicht mit den Gewichten laufen.

4

- Wer sind (die Menschen) auf dem Fußballplatz?

- Fußballspieler sind auf dem

- На по́ле футболи́сты.
- Что футболи́сты уме́ют?
- Они́ уме́ют игра́ть в футбо́л.
- Что должны́ де́лать футболи́сты?
- Они́ должны́ бе́гать и забива́ть голы́.
- Футболи́стам мо́жно бить по мячу́ руко́й?
- Нет, нельзя́.

5

- Что нахо́дится во́зле стадио́на?
- Во́зле стадио́на есть пла́вательный бассе́йн.
- Что уме́ют пловцы́?
- Они́ уме́ют пла́вать.
- Пловцы́ мо́гут пры́гать в во́ду с вы́шки.
- Да, они́ мо́гут.

6

- Есть ли во́зле стадио́на по́ле для го́льфа?
- Да, есть.
- Что до́лжен де́лать гольфи́ст?
- Гольфи́ст до́лжен загна́ть мяч в лу́нку.
- Он мо́жет бить по мячу́ ного́й?
- Нет, гольфи́ст мо́жет бить

Fußballplatz.
- Was können Fußballspieler tun?
- Sie können Fußball spielen.
- Was müssen Fußballspieler tun?
- Sie müssen laufen und Tore schießen.
- Können Fußballspieler den Ball mit der Hand spielen?
- Nein, das können sie nicht.

5

- Was befindet sich neben dem Stadion?
- Es gibt ein Schwimmbad neben dem Stadion.
- Was können Schwimmer tun?
- Sie können schwimmen.
- Können Schwimmer von Sprungbrett aus ins Wasser springen?
- Ja, das können sie.

6

- Gibt es einen Golfplatz in der Nähe des Stadions?
- Ja, gibt es.
- Was muss der Golfspieler tun?
- Der Golfspieler muss den Golfball ins Loch bringen.
- Kann er den Ball mit seinem Fuß spielen?
- Nein, der Golfspieler kann den Ball mit seinem

по мячу́ клю́шкой. Ему́ нельзя́ бить по мячу́ ного́й и́ли руко́й.

7

- Кто игра́ет на баскетбо́льной площа́дке?
- На площа́дке игра́ют баскетболи́сты.
- Что они́ должны́ де́лать?
- Баскетболи́сты должны́ забра́сывать мяч в корзи́ну рука́ми.

8

- Где нахо́дится велосипе́дный трек?
- На стадио́не.
- Кто трениру́ется на тре́ке?
- Там трениру́ются велосипеди́сты.
- Велосипеди́сты должны́ е́здить бы́стро и́ли ме́дленно?
- Они́ должны́ е́здить бы́стро.
- Велосипеди́стам мо́жно сбива́ть друг дру́га?
- Нет, им нельзя́ э́того де́лать.

9

- Во́зле стадио́на есть площа́дка для волейбо́ла?
- Да, есть.
- Что уме́ют

Golfschläger schlagen. Er kann den Ball nicht mit seinem Fuß oder seiner Hand spielen.

7

- Wer spielt auf dem Basketballplatz?
- Basketballspieler spielen auf dem Basketballplatz.
- Was müssen sie tun?
- Basketballspieler müssen den Ball mit den Händen in den Korb werfen.

8

- Wo befindet sich die Fahrradstrecke?
- Sie ist im Stadion.
- Wer trainiert auf der Fahrradstrecke?
- Fahrradfahrer trainieren dort.
- Müssen Fahrradfahrer schnell oder langsam fahren?
- Sie müssen schnell fahren.
- Können Fahrradfahrer sich gegenseitig umschubsen?
- Nein, das können sie nicht tun.

9

- Gibt es einen Volleyballplatz beim Stadion?
- Ja, gibt es.
- Was können

волейболи́сты?
- Они́ уме́ют бить мяч
че́рез се́тку.
- Волейболи́сты должны́
бить мяч рука́ми?
- Да, рука́ми. Им нельзя́
бить по мячу́ нога́ми.

10

- Кто трениру́ется в ти́ре?
- В ти́ре трениру́ется
стрело́к.
- Он уме́ет стреля́ть?
- Да, он уме́ет стреля́ть из
ружья́.
- Куда́ до́лжен попа́сть
стрело́к?
- Стрело́к до́лжен попа́сть
в мише́нь.
- Куда́ нельзя́ стреля́ть
стре́лку?
- Ему́ нельзя́ стреля́ть по
лю́дям.

11

- Кто е́здит на площа́дке
для экстри́ма?
- На площа́дке е́здят
скейтборди́сты.
- Что должны́ де́лать
скейтборди́сты?
- Они́ должны́ выполня́ть
сло́жные трю́ки на
ске́йтах.

Volleyballspieler tun?
- Sie können den Ball über
das Netz schlagen.
- Müssen sie den Ball mit
ihren Händen spielen?
- Ja, mit ihren Händen. Sie
können den Ball nicht mit
den Füßen spielen.

10

- Wer trainiert am
Schießstand?
- Ein Schütze trainiert am
Schießstand.
- Kann er schießen?
- Ja, er kann mit dem Gewehr
schießen.
- Was muss der Schütze
treffen?
- Er muss das Ziel treffen.
- Worauf darf der Schütze
nicht schießen?
- Er darf nicht auf Menschen
schießen.

11

- Wer fährt in dem Bereich
für Extremsportarten?
- Skateboarder fahren in dem
Bereich für
Extremsportarten.
- Was müssen Skateboarder
tun?
- Sie müssen schwierige
Tricks auf ihren Skateboards
performen.

- Кака́я се́кция есть на стадио́не?
- На стадио́не есть се́кция спорти́вных та́нцев.
- В се́кции есть танцо́ры?
- Да, там есть гру́ппа танцо́ров.
- Что танцо́ры уме́ют?
- Они́ уме́ют краси́во танцева́ть.
- Как они́ должны́ танцева́ть?
- Танцо́ры должны́ танцева́ть гру́ппой.
- Они́ мо́гут име́ть ли́шний вес?
- Нет, танцо́рам нельзя́ име́ть ли́шний вес

- Где спортсме́ны игра́ют в те́ннис?
- Спортсме́ны игра́ют в те́ннис на ко́рте.
- Како́й руко́й уме́ют игра́ть теннси́сты?
- Теннси́сты уме́ют хорошо́ игра́ть пра́вой руко́й.
- Что они́ должны́ де́лать?
- Они́ должны́ бить по мячу́ раке́ткой.
- Теннси́стам мо́жно лови́ть мяч руко́й?
- Нет, им нельзя́ лови́ть мяч руко́й.

- Was für einen Verein gibt es beim Stadion?
- Es gibt einen Tanzverein beim Stadion.
- Gibt es Tänzer in diesem Verein?
- Ja, es gibt eine Gruppe von Tänzern.
- Was können Tänzer tun?
- Sie können schön tanzen.
- Wie müssen sie tanzen?
- Sie sollten in einer Gruppe tanzen.
- Können Tänzer übergewichtig sein?
- Nein, Tänzer können nicht übergewichtig sein.

- Wo spielen Tennisspieler Tennis?
- Tennisspieler spielen Tennis auf dem Tennisplatz.
- Mit welcher Hand können Tennisspieler spielen?
- Sie können gut mit ihrer rechten Hand spielen.
- Was müssen sie tun?
- Sie müssen den Ball mit einem Schläger schlagen.
- Können Tennisspieler den Ball mit ihrer Hand fangen?
- Nein, sie können den Ball nicht mit ihren Händen fangen.

Wörterbuch Russisch-Deutsch

автóбус - der Bus
автóбусный - Bus-
автовокзáл - der Busbahnhof
автозапрáвка - die Tankstelle
автозапрáвочный -
Tankstellen-
áктовый (зал) - das
Auditorium
аллéя - der Weg, die Gasse
артúст - der Künstler
атлéт - der Sportler
аттракциóн - die Attraktion
баскетбóл - der Basketball
баскетболúст - der
Basketballspieler
баскетбóльный - Basketball-
бассéйн - das Becken
бéгать - laufen, rennen
бéлый - weiß
бензúн - das Benzin
бéрег - das Ufer
билéт - das Ticket
бить - schlagen, spielen
болéть - krank sein
больнúца - das Krankenhaus
больнóй - die kranke Person,
der Patient
большóй - groß
бросáть - werfen
бутербрóд - das Sandwich
бы́стро - schnell
в - in
вдоль - entlang
велосипéд - das Fahrrad
велосипедúст - der
Fahrradfahrer
велосипéдный - Fahrrads-
вес - das Gewicht
ветвúстый - sich gabelnd

вúдеть - sehen
висéть - hängen
вить - flechten
вниз - runter, hinunter, nach
unten
во - in
водá - das Wasser
водопóй - die Wasserstelle
воздýшный - Lüft-
вóзле - neben, in der Nähe
von, nahe
вокрýг - um, herum
волейбóл - der Volleyball
волейболúст - der
Volleyballspieler
вольéр - das Gehege
воскресéнье - der Sonntag
врач - der Arzt
врéмя - die Zeit
все - alle, jeder
всё - alles
всегдá - immer
вторóй - zweiter
вход - der Eingang
выполня́ть - performen
высóкий - groß, hoch
высокó - hoch
выходúть - rausgehen,
verlassen
вы́шка - das Sprungbrett
где - wo
гиппопотáм - das Nilpferd
глаз - das Auge
глотáть - schlucken,
verschlucken
гнездó - das Nest
гол - das Tor
головá - der Kopf
гольф - das Golf

гольфист - der Golfspieler
го́рка - die Rutsche
го́род - die Stadt
городско́й - städtisch
горя́чий - heiß
гости́ница - das Hotel
гри́ва - die Mähne
гру́ппа - das Team
да - ja
два - zwei
дверь - das Tor
двор - der Hof
день - der Tag
де́рево - der Baum
детёныш - das (Tier)Baby
де́ти - die Kinder
де́тский - Kinder-
дли́нный - lang
для - für
до́лжен - muss, müssen
доро́га - die Straße
доро́жка - der Pfad
дра́ться - kämpfen
друг - der Freund
душ - die Dusche
еда́ - das Essen
е́здить - fahren
ёмкость - der Behälter
есть - essen
ещё - auch, mehr
жа́рко - heiß
ждать - warten
жёлтый - gelb
живо́т - der Bauch
живо́тное - das Tier
жира́ф - die Giraffe
за - hinter, für
забива́ть - ein Tor machen,
ein Tor schießen
забра́сывать - schlagen,
spielen

загоня́ть - stellen, legen,
setzen
загора́ть - sonnenbaden
за́дний - hintere
зал - die Halle
занима́ться - üben,
trainieren, teilnehmen
заправля́ться - tanken
зарыва́ть - graben, vergraben
зда́ние - das Gebäude
зе́бра - das Zebra
зелёный - grün
земля́ - der Boden (unter den
Füßen), die Erde (wie in
"Gartenerde")
зима́ - der Winter
зо́нтик - der Schirm, der
Regenschirm
зоопа́рк - der Zoo
зри́тель - der Zuschauer
зуб - der Zahn
и - und
игра́ть - spielen
из - von, aus
ико́на - die Ikone
и́ли - oder
име́ется - es gibt, es sind
име́ть - haben, besitzen
иногда́ - manchmal
иска́ть - nach etwas suchen,
Ausschau halten
кабине́т - das Büro
ка́ждый - jeder, jedes, jede
како́й - welches
ка́мень - der Stein
ка́сса - der
Fahrkartenschalter
ката́ться - fahren, reiten
кафе́ - das Café
кенгуру́ - das Känguru
кле́тка - der Käfig

клу́мба - das Blumenbeet
клюв - der Schnabel
клю́шка - der Golfschläger
когда́ - wenn, als
ко́готь - die Klaue
колесо́ обозре́ния - das
Riesenrad
коне́ц - das Ende
коне́чность - das Bein, der
Arm
конфе́та - die Süßigkeit
копы́то - der Huf
корзи́на - der Korb
кори́чневый - braun
коро́ткий - kurz
корт - der Tennisplatz
костю́м - das Kostüm
кото́рый - welche
край - der Rand
краси́во - hübsch, schön
краси́вый - schön, hübsch
кре́пкий - robust
кре́сло - der Stuhl, der Sessel
крича́ть - schreien
крова́ть - das Bett
крокоди́л - das Krokodil
кро́ме - neben, ausser
кру́глый - rund
кру́пный - groß
крыло́ - der Flügel
кто - wer
куст - der Busch
куше́тка - das Sofa
ла́зить - klettern
ла́па - die Pfote
лежа́ть - liegen
лека́рство - das Medikament
лета́ть - fliegen
ле́то - der Sommer
летучий - fliegen
лечи́ть - behandeln

лифт - der Fahrstuhl
ли́шний - extra, besonders
лови́ть - fangen
ло́дка - das Boot
ло́дочный - Boot-
лужа́йка - der Rasen, die
Liegewiese
лу́нка - das Loch
лю́ди - die Leute, die
Menschen
магази́н - das Geschäft
ма́ленький - klein
масса́ж - die Massage
мастерска́я - die Werkstatt
маши́на - das Auto
маши́нка - das kleine Auto
медве́дь - der Bär
ме́жду - zwischen
мигри́ровать - migrieren
мише́нь - das Ziel
мно́го - viele, viel
мо́рда - die Schnauze
моро́женое - das Eis
мо́стик - das Brückchen
мочь - können
мо́щный - kräftig
мышь - die Maus
мэ́рия - das Rathaus
мяч - der Ball
на - an, auf
набира́ть - nehmen
наблюда́ть - zuschauen,
schauen, beobachten
над - über
напада́ть - angreifen
напи́ток - das Getränk
напро́тив - gegenüber
наруши́тель - der
Gesetzesbrecher
находи́ться - sich befinden,
(an einem Ort) sein

начина́ться - anfangen
не - nicht
небольшо́й - klein
недалеко́ - in der Nähe von,
nicht weit entfernt
неиспра́вный - kaputt
не́которые - manche, einige
нельзя́ - nicht erlaubt,
verboten
не́сколько - einige
нет - nein, kein
неуклю́жий - schwerfällig
никогда́ - nie
но - aber
но́вый - neu
нога́ - der Fuß
но́мер - die Nummer
носи́ть - tragen
обезья́на - der Affe
облива́ться - sich mit Wasser
übergießen
объяви́ть - ankündigen
огра́да - der Zaun
огражде́ние - der Zaun, die
Einzäunung
огро́мный - riesig
оде́тый - angekleidet
ожида́ние - das Warten
о́зеро - der See
о́коло - in der Nähe, neben
окули́ст - der Augenarzt
оле́нь - der Hirsch
он - er
она́ - sie
они́ - sie
опира́ться - sich auf/an
etwas lehnen
орёл - der Adler
остана́вливаться - stoppen,
anhalten
остано́вка - die Haltestelle

о́стрый - scharf
от - von, aus
отделе́ние - die Polizeistation
отделя́ться - trennen
отдыха́ть - ausruhen
отоларинго́лог - der HNO-
Arzt (Hals, Nase, Ohren)
отправля́ть - schicken
охо́та - die Jagd
охо́титься - jagen
о́чень - sehr
павильо́н - der Pavillon
пала́та - das Patientenzimmer
па́лец - der Finger
па́мятник - das Denkmal
парк - der Park
пасти́сь - grasen
пасть - der Mund
пе́рвый - zuerst, erster
пе́ред - vor
пере́дний - die Vorderseite,
vorne
перепры́гивать - über etwas
springen
переходи́ть - sich verlängern
песо́к - der Sand
песча́ный - sandig
письмо́ - der Brief
пита́ться - füttern, sich
ernähren
пито́н - der, die Python
пить - trinken
пи́ща - das Essen
пища́ть - piepsen/spähen
пла́вательный - Schwimm-
пла́вать - schwimmen, segeln
плове́ц - der Schwimmer
площа́дка - das Gelände (in
diesem Zusammenhang)
пло́щадь - der Platz
пляж - der Strand

по / возле / через - an / bei / über
под - unter
поднимать - heben
поднятый - gehoben
подъезжать - anfahren
поезд - der Zug
поле - das Feld
ползать - kriechen
поливаться - sich mit Wasser übergießen
полицейский - der Polizist
полиция - die Polizei
полоса - der Streifen
получать - bekommen
поляна - die Wiese
помощь - die Hilfe
попасть - (ein Ziel) treffen
порядок - die Ordnung
посадка - das Boarding, das Einsteigen
посылка - das Paket
почта - das Postamt
почтовый - Post-
поэтому - deswegen, deshalb
правый - rechte
прогулка - der Spaziergang
продавать - verkaufen
проходить - vorbeigehen
пруд - der Teich
прыгать - springen
пятно - der Punkt
пять - fünf
работать - arbeiten
разговаривать - reden, sprechen
разный - verschieden, unterschiedlich
ракетка - der Schläger
расписание - der Fahrplan

располагаться - sich befinden
растение - die Pflanze
расти - wachsen
регистратура - die Meldestelle
редко - selten
рентген-кабинет - das Röntgenzimmer
ресторан - das Restaurant
рог - das Horn, das Geweih
родители - die Eltern
ружьё - das Gewehr
рука - die Hand
ручей - der Strom
рыбка - der Fisch
рыжий - rötlich
рядом - in der Nähe von, neben
с, со - mit
садиться - sich setzen
сбивать - umschubsen (in diesem Zusammenhang)
сбрасывать - abwerfen
сегодня - heute
сейчас - jetzt
секция - der Club, der Verein
серый - grau
сетка - das Netz
сзади - am Rücken, im Rücken
сидеть - sitzen
сильный - stark
скамейка - die Bank
сквер - kleiner Park
скейт - das Skateboard
скейтбордист - der Skateboarder
сладкий - süß
сложный - schwierig
слон - der Elefant
служба - der Service

смотре́ть - schauen, zuschauen, beobachten
соль - das Salz
сопе́рник - der Gegner
спать - schlafen
спекта́кль - das Spiel, die Performance
спортза́л - die Turnhalle
спорти́вный - Sport-
спортсме́н - der Sportler
стадио́н - das Stadion
ста́до - die Herde
ста́нция - die Station
ста́рый - alt
ста́я - der Schwarm (Vögel), das Rudel (Wölfe)
стекля́нный - das Glas
стол - der Tisch
столо́вая - der Speisesaal
стомато́лог - der Zahnarzt
стоя́ть - stehen
стра́ус - der Strauß
стре́лок - der Schütze
стреля́ть - schießen
стро́йный - schlank
стул - der Stuhl
су́мка - der Beutel
сце́на - die Bühne
та́кже - auch
там - dort
та́нец - der Tanz
танцева́ть - tanzen
танцо́р - der Tänzer
теа́тр - das Theater
телеви́зор - der Fernseher
телефо́н, тру́бка - das Telefon
те́ло - der Körper
те́ннис - das Tennis
тенниси́ст - der Tennisspieler

те́ннисный - Tennis-
терапе́вт - der Hausarzt
терра́риум - das Terrarium
террито́рия - das Territorium, das Gebiet
тигр - der Tiger
тир - der Schießstand
това́р - Güter, Dinge
то́же - auch
толка́ть - schubsen (in diesem Zusammenhang)
то́лстый - fett
то́нкий - dünn
тону́ть - ertrinken
трава́ - das Gras
трек - die Strecke (in diesem Zusammenhang)
тренирова́ться - üben, trainieren
тре́тий - dritter
три - drei
трюк - der Trick
туале́т - die Toilette
туда́ - dorthin
ту́ловище - der Körper
ту́мбочка - der Nachttisch
тюрьма́ - das Gefängnis
тяжелоатле́т - der Gewichtheber
тяжёлый - schwer
у́гол - die Ecke
у́лица - die Straße
уме́ть - können
у́тка - die Ente
у́хо - das Ohr
уча́сток - das Gebiet, das Territorium
фонта́н - der Brunnen
фо́рма - die Form
футбо́л - der Fußball

футболи́ст - der
Fußballspieler
футбо́льный - Fußball-
хвост - der Schwanz
хиру́рг - der Chirurg
хо́бот - der Rüssel
ходи́ть - gehen
холоди́льник - der
Kühlschrank
холо́дный - kalt
хорошо́ - gut
цвет - die Farbe
цветы́ - die Blumen
целико́м - ganz, im Ganzen
центр - die Mitte, das
Zentrum
це́рковь - die Kirche
ча́сто - oft
часы́ - die Uhr
челове́к - der Mann, der
Mensch

че́рез - über, durch
чёрный - schwarz
четвёртый - vierter
четы́ре - vier
что - was
ша́рик - kleiner Ball
шерсть - das Fell
шесть - sechs
ше́я - der Hals
широ́кий - breit
шкаф - der Schrank
шко́ла - die Schule
шта́нга - die Hantel, Gewichte
экстри́м - extrem
э́та - diese
эта́ж - der Stockwerk
э́то - dies
э́тот - dieser
я́щик - die Box, der Karton,
die Schachtel

aber - но
abwerfen - сбра́сывать
Adler (m) - орёл
Affe (m) - обезья́на
alle, jeder - все
alles - всё
alt - ста́рый
am Rücken, im Rücken - сза́ди
an / auf - на
an / bei / über - по / возле / через
anfahren - подъезжа́ть
anfangen - начина́ться
angekleidet - оде́тый
angreifen - напада́ть
ankündigen - объяви́ть
arbeiten - рабо́тать
Arzt (m) - врач
Attraktion (f) - аттракцио́н
auch - та́кже, то́же
Auditorium (n) - а́ктовый (зал)
Auge (n) - глаз
Augenarzt (m) - окули́ст
ausruhen - отдыха́ть
Auto (n) - маши́на
Ball (m) - мяч
Bank (f) - скаме́йка
Bär (m) - медве́дь
Basketball- - баскетбо́льный
Basketball (m) - баскетбо́л
Basketballspieler (m) - баскетболи́ст
Bauch (m) - живо́т
Baum (m) - де́рево
Becken (n) - бассе́йн
Behälter (m) - ёмкость
behandeln - лечи́ть

Bein(n) , Arm (m) - коне́чность
bekommen - получа́ть
Benzin (n) - бензи́н
Bett (n) - крова́ть
Beutel (m) - су́мка
Blumen (f) - цветы́
Blumenbeet (n) - клу́мба
Boarding (n) , Einsteigen (n) - поса́дка
Boden (m) (unter den Füßen), Erde (f) (wie in "Gartenerde") - земля́
Boot- - ло́дочный
Boot (n) - ло́дка
Box (f) , Karton (m), Schachtel (f) - я́щик
braun - кори́чневый
breit - широ́кий
Brief (m) - письмо́
Brückchen (n) - мо́стик
Brunnen (m) - фонта́н
Bühne (f) - сце́на
Büro (n) - кабине́т
Bus- - авто́бусный
Bus (m) - авто́бус
Busbahnhof (m) - автовокза́л
Busch (m) - куст
Café (n) - кафе́
Chirurg (m) - хиру́рг
Club (m) , Verein (m) - се́кция
Denkmal (n) - па́мятник
deswegen, deshalb - поэ́тому
dies - э́то
diese - э́та
dieser - э́тот
dort - там
dorthin - туда́
drei - три

dritter - тре́тий
dünn – то́нкий
durch - че́рез
Dusche (f) - душ
Ecke (f) - у́гол
ein Tor machen, ein Tor
schießen - забива́ть
Eingang (m) - вход
einige - не́сколько
Eis (n) - моро́женое
Elefant (m) - слон
Eltern (f) - роди́тели
Ende (n) - коне́ц
Ente (f) - у́тка
entlang - вдоль
er - он
ertrinken - тону́ть
es gibt, es sind - име́ется
essen - есть
Essen (n) - еда́, пи́ща
extra, besonders - ли́шний
extrem - экстри́м
fahren, reiten - е́здить,
ката́ться
Fahrkartenschalter (m) -
ка́сса
Fahrplan (m) - расписа́ние
Fahrrad (n) - велосипе́д
Fahrradfahrer (m) -
велосипеди́ст
Fahrrads- - велосипе́дный
Fahrstuhl (m) - лифт
fangen - лови́ть
Farbe (f) - цвет
Feld (n) - по́ле
Fell (n) - шерсть
Fernseher (m) - телеви́зор
fett - то́лстый
Finger (m) - па́лец
Fisch (m) - ры́бка
flechten - вить

fliegen - лета́ть
fliegende - лету́чий
Flügel (m) - крыло́
Form (f) - фо́рма
Freund (m) - друг
fünf - пять
für - для
Fuß (m) - нога́
Fußball- - футбо́льный
Fußball (m) - футбо́л
Fußballspieler (m) -
футболи́ст
füttern, sich ernähren -
пита́ться
ganz, im Ganzen - целико́м
Gebäude (n) - зда́ние
Gebiet (n) , Territorium (n) -
уча́сток
Gefängnis (n) - тюрьма́
gegenüber - напро́тив
Gegner (m) - сопе́рник
Gehege (n) - вольер
gehen - ходи́ть
gehoben - по́днятый
Gelände (n) (in diesem
Zusammenhang) - площа́дка
gelb - жёлтый
Geschäft (n) - магази́н
Gesetzesbrecher (m) -
наруши́тель
Getränk (n) - напи́ток
Gewehr (n) - ружьё
Gewicht (n) - вес
Gewichtheber (m) -
тяжелоатле́т
Giraffe (f) - жира́ф
Glas (n) - стекля́нный
Golf (n) - гольф
Golfschläger (m) - клю́шка
Golfspieler (m) - гольфи́ст
graben, vergraben - зарыва́ть

Gras (n) - трава́
grasen - пасти́сь
grau - се́рый
groß - большо́й, кру́пный
grün - зелёный
gut - хорошо́
Güter, Dinge - това́р
haben, besitzen - име́ть
Halle (f) - зал
Hals (m) - ше́я
Haltestelle (f) - остано́вка
Hand (f) - рука́
hängen - висе́ть
Hantel (f) , Gewichte - шта́нга
Hausarzt (m) - терапе́вт
heben - поднима́ть
heiß - горя́чий, жа́рко
Herde (f) - ста́до
heute - сего́дня
Hilfe (f) - по́мощь
hinter, für - за
hintere - за́дний
Hirsch (m) - оле́нь
HNO-Arzt (m) (Hals, Nase,
Ohren) - отоларинго́лог
hoch - высоко́, высо́кий
Hof (m) - двор
Horn (n) , Geweih (n) - рог
Hotel (n) - гости́ница
hübsch, schön - краси́во
Huf (m) - копы́то
Ikone (f) - ико́на
immer - всегда́
in - в, во
in der Nähe von, neben -
ря́дом, о́коло
ja - да
Jagd (f) - охо́та
jagen - охо́титься
jeder, jedes, jede - ка́ждый
jetzt - сейча́с

Käfig (m) - кле́тка
kalt - холо́дный
kämpfen - дра́ться
Känguru (n) - кенгуру́
kaputt - неиспра́вный
Kinder- - де́тский
Kinder (f) - де́ти
Kirche (f) - це́рковь
Klaue (f) - ко́готь
klein - ма́ленький,
небольшо́й
kleine Auto (n) - маши́нка
kleiner Ball - ша́рик
kleiner Park - сквер
klettern - ла́зить
können - мочь, уме́ть
Kopf (m) - голова́
Korb (m) - корзи́на
Körper (m) - те́ло, ту́ловище
Kostüm (n) - костю́м
kräftig - мо́щный
krank sein - боле́ть
kranke Person (f), Patient (m)
- больно́й
Krankenhaus (n) - больни́ца
kriechen - по́лзать
Krokodil (n) - крокоди́л
Kühlschrank (m) -
холоди́льник
Künstler (m) - арти́ст
kurz - коро́ткий
lang - дли́нный
laufen, rennen - бе́гать
Leute (f) , Menschen (f) -
лю́ди
liegen - лежа́ть
Loch (n) - лу́нка
Lüft- - возду́шный
Mähne (f) - гри́ва
manche, einige - не́которые
manchmal - иногда́

Mann (m) , Mensch (m) - человéк
Massage (f) - массáж
Maus (f) - мышь
Medikament (n) - лекáрство
mehr - ещё
Meldestelle (f) - регистратýра
migrieren - мигрúровать
mit - с, со
Mitte (f) , Zentrum (n) - центр
Mund (m) - пасть
muss, müssen - дóлжен
nach etwas suchen, Ausschau halten - искáть
Nachttisch (m) - тýмбочка
neben, ausser - крóме
neben, in der Nähe von, nahe - вóзле
nehmen - набирáть
nein, kein - нет
Nest (n) - гнездó
Netz (n) - сéтка
neu - нóвый
nicht - не
nicht erlaubt, verboten - нельзя́
nicht weit entfernt - недалекó
nie - никогдá
Nilpferd (n) - гиппопотáм
Nummer (f) - нóмер
oder - úли
oft - чáсто
Ohr (n) - ýхо
Ordnung (f) - порядок
Paket (n) - посы́лка
Park (m) - парк
Patientenzimmer (n) - палáта
Pavillon (m) - павильóн
performen - выполня́ть
Pfad (m) - дорóжка

Pflanze (f) - растéние
Pfote (f) - лáпа
piepsen/spähen - пищáть
Platz (m) - плóщадь
Polizei (f) - полúция
Polizeistation (f) - отделéние
Polizist (m) - полицéйский
Post- - почтóвый
Postamt (n) - пóчта
Punkt (m) - пятнó
Python - питóн
Rand (m) - край
Rasen (m) , Liegewiese (f) - лужáйка
Rathaus (n) - мэ́рия
rausgehen, verlassen - выходúть
rechte - прáвый
reden, sprechen - разговáривать
Restaurant (n) - ресторáн
Riesenrad (n) - колесó обозрéния
riesig - огрóмный
robust - крéпкий
Röntgenzimmer (n) - рентген-кабинет
rötlich - ры́жий
rund - крýглый
runter, hinunter, nach unten - вниз
Rüssel (m) - хóбот
Rutsche (f) - гóрка
Salz (n) - соль
Sand (m) - песóк
sandig - песчáный
Sandwich (n) - бутербрóд
scharf - óстрый
schauen, zuschauen, beobachten - смотрéть
schicken - отправля́ть

schießen - стреля́ть
Schießstand (m) - тир
Schirm (m) , Regenschirm (m)
- зо́нтик
schlafen - спать
schlagen, spielen - бить,
забра́сывать
Schläger (m) - раке́тка
schlank - стро́йный
schlucken, verschlucken -
глота́ть
Schnabel (m) - клюв
Schnauze (f) - мо́рда
schnell - бы́стро
schön, hübsch - краси́вый
Schrank (m) - шкаф
schreien - крича́ть
schubsen (in diesem
Zusammenhang) - толка́ть
Schule (f) - шко́ла
Schütze (m) - стре́лок
Schwanz (m) - хвост
Schwarm (m) (Vögel), Rudel
(n) (Wölfe) - ста́я
schwarz - чёрный
schwer - тяжёлый
schwerfällig - неуклю́жий
schwierig - сло́жный
Schwimm- - пла́вательный
schwimmen, segeln - пла́вать
Schwimmer (m) - плове́ц
sechs - шесть
See (m) - о́зеро
sehen - ви́деть
sehr - о́чень
selten - ре́дко
Service (m) - слу́жба
Sessel (m) - кре́сло
sich auf/an etwas lehnen -
опира́ться

sich befinden, (an einem Ort)
sein - находи́ться,
располага́ться
sich gabelnd - ветви́стый
sich mit Wasser übergießen -
облива́ться, полива́ться
sich setzen - сади́ться
sich verlängern - переходи́ть
sie - она́, они́
sitzen - сиде́ть
Skateboard (n) - скейт
Skateboarder (m) -
скейтбордист
Sofa (n) - куше́тка
Sommer (m) - ле́то
sonnenbaden - загора́ть
Sonntag (m) - воскресе́нье
Spaziergang (m) - прогу́лка
Speisesaal (m) - столо́вая
Spiel (n) , Performance (f) -
спекта́кль
spielen - игра́ть
Sport- - спорти́вный
Sportler (m) - атле́т,
спортсме́н
springen - пры́гать
Sprungbrett (n) - вы́шка
Stadion (n) - стадио́н
Stadt (f) - го́род
städtisch - городско́й
stark - си́льный
Station (f) - ста́нция
stehen - стоя́ть
Stein (m) - ка́мень
stellen, legen, setzen -
загоня́ть
Stockwerk (m) - эта́ж
stoppen, anhalten -
остана́вливаться
Strand (m) - пляж
Straße (f) - доро́га, у́лица

Strauß (m) - стра́ус
Strecke (f) (in diesem
Zusammenhang) - трек
Streifen (m) - полоса́
Strom (m) - руче́й
Stuhl (m) - стул
süß - сла́дкий
Süßigkeit (f) - конфе́та
Tag (m) - день
tanken - заправля́ться
Tankstelle (f) - автозапра́вка
Tankstellen- -
автозапра́вочный
Tanz (m) - та́нец
tanzen - танцева́ть
Tänzer (m) - танцо́р
Team (n) - гру́ппа
Teich (m) - пруд
Telefon (n) - телефо́н, тру́бка
Tennis- - те́ннисный
Tennis (n) - те́ннис
Tennisplatz (m) - корт
Tennisspieler (m) -
тенниси́ст
Terrarium (n) - терра́риум
Territorium (n) , Gebiet (n) -
террито́рия
Theater (n) - теа́тр
Ticket (n) - биле́т
Tier (n) - живо́тное
Tierbaby (n) - детёныш
Tiger (m) - тигр
Tisch (m) - стол
Toilette (f) - туале́т
Tor (n) - гол, воро́та
tragen - носи́ть
treffen (ein Ziel) - попа́сть
trennen - отделя́ться
Trick (m) - трюк
trinken - пить
Turnhalle (f) - спортза́л

üben, trainieren -
тренирова́ться, занима́ться
über - над
über etwas springen -
перепры́гивать
Ufer (n) - бе́рег
Uhr (f) - часы́
um, herum - вокру́г
umschubsen (in diesem
Zusammenhang) - сбива́ть
und - и
unter - под
verkaufen - продава́ть
verschieden, unterschiedlich -
ра́зный
viele, viel - мно́го
vier - четы́ре
vierter - четвёртый
Volleyball (m) - волейбо́л
Volleyballspieler (m) -
волейболи́ст
von, aus - из, от
vor - пе́ред
vorbeigehen - проходи́ть
Vorderseite (f) , vorne -
пере́дний
wachsen - расти́
warten - ждать
Warten (n) - ожида́ние
was - что
Wasser (n) - вода́
Wasserstelle (f) - водопо́й
Weg (m) , Gasse (f) - алле́я
weiß - бе́лый
welche - кото́рый
welches - како́й
wenn, als - когда́
wer - кто
werfen - броса́ть
Werkstatt (f) - мастерска́я
Wiese (f) - поля́на

Winter (m) - зима́
wo - где
Zahn (m) - зуб
Zahnarzt (m) - стомато́лог
Zaun (m) , Einzäunung (f) -
огражде́ние, огра́да
Zebra (n) - зе́бра
Zeit (f) - вре́мя
Ziel (n) - мише́нь

Zoo (m) - зоопа́рк
zuerst, erster - пе́рвый
Zug (m) - по́езд
zuschauen, schauen,
beobachten - наблюда́ть
Zuschauer (m) - зри́тель
zwei - два
zweiter - второ́й
zwischen - ме́жду

Рекомендованные книги
Buchtipps

Das Erste Russische Lesebuch für Anfänger Band 1 Zweisprachig mit Russisch-deutscher Übersetzung Stufen A1 A2

Das Buch enthält einen Kurs für Anfänger und fortgeschrittene Anfänger, wobei die Texte auf Deutsch und auf Russisch nebeneinanderstehen. Die Motivation des Schülers wird durch lustige Alltagsgeschichten über das Kennenlernen neuer Freunde, Studieren, die Arbeitssuche, das Arbeiten etc. aufrechterhalten. Die dabei verwendete Methode basiert auf der natürlichen menschlichen Gabe, sich Wörter zu merken, die immer wieder und systematisch im Text auftauchen. Sätze werden stets aus den im vorherigen Kapitel erklärten Wörtern gebildet. Die Audiodateien sind auf www.audiolego.com/Buch/Russisch-Band1 inklusive erhältlich.

Das Erste Russische Lesebuch für Anfänger Band 2 Zweisprachig mit Russisch-deutscher Übersetzung Stufe A2

Dieses Buch ist Band 2 des Ersten Russischen Lesebuches für Anfänger. Das Buch enthält einen Kurs für Anfänger und fortgeschrittene Anfänger, wobei die Texte auf Russisch und auf Deutsch nebeneinanderstehen. Die dabei verwendete Methode basiert auf der natürlichen menschlichen Gabe, sich Wörter zu merken, die immer wieder und systematisch im Text auftauchen. Sätze werden stets aus den im vorherigen Kapitel erklärten Wörtern gebildet. Die Audiodateien sind auf www.audiolego.com/Buch/Russisch-Band2 inklusive erhältlich.

**Das Erste Russische Lesebuch
für Anfänger Band 3
Zweisprachig mit Russisch-deutscher
Übersetzung Stufe A2**

Dieses Buch ist Band 3 des Ersten Russischen Lesebuches für Anfänger. Das Buch enthält einen Kurs für Anfänger und fortgeschrittene Anfänger, wobei die Texte auf Russisch und auf Deutsch nebeneinanderstehen. Die dabei verwendete Methode basiert auf der natürlichen menschlichen Gabe, sich Wörter zu merken, die immer wieder und systematisch im Text auftauchen. Sätze werden stets aus den im vorherigen Kapitel erklärten Wörtern gebildet. Die Audiodateien sind auf www.audiolego.com/Buch/Russisch-Band3 inklusive erhältlich.

**Das Zweite Russische Lesebuch
Zweisprachig mit Russisch-deutscher
Übersetzung
Stufen A2 B1**

Ein Privatdetektiv ist hinter der Frau her, die er liebt. Ehemaliger Luftwaffenpilot, entdeckt er einige Seiten in der menschlichen Natur, mit denen er nicht zurechtkommen kann. Dieses Buch ist bestens für Sie geeignet, wenn Sie bereits Erfahrung mit der russischen Sprache haben. Das Buch ist nach der Methode aufgebaut. Neue Worte werden im Buch von Zeit zu Zeit wiederholt, dadurch können Sie sich leichter an sie erinnern. Die Audiodateien sind auf www.audiolego.com/Buch/Russisch-Band4 inklusive erhältlich.

**Das Erste Russische Lesebuch für
Medizinische Fachangestellte
Zweisprachig mit Russisch-deutscher
Übersetzung Stufen A1 A2**

Bei diesem Lehrbuch handelt es sich um ein
Lesebuch speziell für medizinische
Fachangestellte, und dementsprechend
behandeln die Lektionstexte und Vokabeln
auch Themen wie Patientengespräche,
Diagnostik, die Beschreibung von Symptomen
und vieles mehr, was man im Kontakt mit
Ärzten und Patienten braucht. Ein praktisches
Lesebuch, das anhand von Texten, die typische
Situationen in Krankenhaus und Arztpraxis
behandeln, ein umfangreiches medizinisches
Vokabular vermittelt. Die Audiodateien sind
auf www.audiolego.com/Buch/Russisch-
Band13 inklusive erhältlich.

**Das Erste Russische Lesebuch zum Kochen
Zweisprachig mit Russisch-deutscher
Übersetzung Stufen A1 A2**

Lernt man eine Sprache, hilft die Bekanntheit
mit einem Thema, eine Verbindung zwischen
zwei Sprachen herzustellen. Das Erste Russische
Lesebuch zum Kochen stellt die Wörter und
Sätze sowohl in Russisch als auch in Deutsch zur
Verfügung. Fünfundzwanzig Kapitel sind in
Themen und Inhalte bezüglich Kochen und
Nahrung gegliedert. Rezeptanleitungen,
zusammen mit leichten Fragen und Antworten,
zeigen den Gebrauch dieser Wörter und Sätze.
Zusätzliche Hilfe beinhalten die Russisch-
Deutsche und Deutsch-Russische Wörterbücher.
Es könnte Ihren Appetit anregen oder
Russischlernenden wie Ihnen helfen, ihre
Kenntnis in einem bekannten Umfeld der Küche
zu verbessern. Die Audiodateien sind auf
www.audiolego.com/Buch/Russisch-Band9
inklusive erhältlich.

**Das Erste Russische Lesebuch für Touristen
Zweisprachig mit Russisch-deutscher
Übersetzung
Stufe A1**

Das Lesebuch ist ein Kurs für Anfänger, wobei die
Texte auf Deutsch und auf Russisch
nebeneinanderstehen. Es ist der ideale Begleiter
für alle, die Sprachen unterwegs lernen wollen.
Das Buch enthält am häufigsten gebrauchten
Wörter, einfache Sätze und Redewendungen, um
sich schnell zu verständigen. Die dabei
verwendete Methode basiert auf der natürlichen
menschlichen Gabe, sich Wörter zu merken, die
immer wieder und systematisch im Text
auftauchen. Sätze werden stets aus den im
vorherigen Kapitel erklärten Wörtern gebildet.
Die Audiodateien sind auf
www.audiolego.com/Buch/Russisch-Band14
inklusive erhältlich.

**Das Erste Russische Lesebuch für Familien
Zweisprachig mit Russisch-deutscher
Übersetzung Stufen A1 A2**

Das Buch enthält eine Darstellung der
russischen Gespräche des täglichen
Familienlebens, wobei die Texte auf Russisch
und auf Deutsch nebeneinander stehen. Die
Lektionen sind in mehrere Blöcke unterteilt:
Vokabelliste für den täglichen Gebrauch,
zweisprachige Texte, und Verständnisfragen zu
den Gesprächsinhalten. Die dabei verwendete
Methode basiert auf der natürlichen
menschlichen Gabe, sich Wörter zu merken, die
immer wieder und systematisch im Text
auftauchen. Sätze werden stets aus den im
vorherigen Kapitel erklärten Wörtern gebildet.
Die Audiodateien sind auf
www.audiolego.com/Buch/Russisch-Band15
inklusive erhältlich.

**Das Erste Russische Lesebuch für
Kaufmännische Berufe und Wirtschaft
Zweisprachig mit Russisch-deutscher
Übersetzung
Stufen A1 A2**

Der Inhalt des Buches ist aufgeteilt in 25 Kapitel, die auf die Stufen A1 und A2 des gemeinsamen europäischen Referenzrahmen vorbereiten sollen. In jedem Kapitel wird eine Anzahl an Vokabeln vermittelt, die anschließend direkt in kurzen, einprägsamen Sätzen und Texten veranschaulicht werden. Dabei handelt es sich durchgehend um alltagstaugliches Material für Berufssituationen wie Telefonate, Besprechungen, Geschäftsreisen und Geschäftskorrespondenz. Der Clou aber ist, dass sich jeweils zwei Spalten durch die Lektionen ziehen: links die russischen Übungssätze und Texte, rechts die deutsche Übersetzung. Dazu gibt es inklusive Audiodateien auf www.audiolego.com/Buch/Russisch-Band12

**Das Erste Russische Lesebuch für Studenten
Zweisprachig mit Russisch-deutscher
Übersetzung
Stufen A1 A2**

Das Buch enthält einen Kurs für Anfänger und fortgeschrittene Anfänger, wobei die Texte auf Deutsch und auf Russisch nebeneinanderstehen. Die Dialoge sind praxisnah und alltagstauglich. Die dabei verwendete Methode basiert auf der natürlichen menschlichen Gabe, sich Wörter zu merken, die immer wieder und systematisch im Text auftauchen. In jedem Kapitel wird eine Anzahl an Vokabeln vermittelt, die anschließend direkt in kurzen, einprägsamen Texten und Dialogen veranschaulicht werden. Die Audiodateien sind auf www.audiolego.com/Buch/Russisch-Band10 inklusive erhältlich.

**Кто потерял деньги? Wer verlor das Geld?
Das Erste Russische Lesebuch für Stufen A1
und A2 Zweisprachig mit Russisch-Deutscher
Übersetzung**

Der erste Teil des Buches erklärt mit Beispielen
den grundlegenden Satzbau der russischen
Sprache, wobei die Texte auf Russisch und auf
Deutsch für einen leichteren Einsicht
nebeneinander stehen. Der zweite Buchteil stellt
einen Krimi dar. Die dabei verwendete Methode
basiert auf der natürlichen menschlichen Gabe,
sich Wörter zu merken, die immer wieder und
systematisch im Text auftauchen. Sätze werden
stets aus den im vorherigen Kapitel erklärten
Wörtern gebildet. Die Audiodateien und
Leseprobe sind auf
www.audiolego.com/Buch/Russisch-Band16
inklusive erhältlich.